Klaus-Werner Haupt

London kommt!

Pückler und Fontane in England

Bertuch

© Bertuch Verlag GmbH Weimar 2019

www.bertuch-verlag.de

Satz und Gestaltung: Andreas Michael Werner

ISBN: 978-3-86397-109-0

Einleitung

Seinen Major Crampas lässt Theodor Fontane sagen: *„Auf zwanzig Deutsche, die nach Frankreich gehen, kommt noch nicht einer, der nach England geht. Das macht das Wasser; [...] das Wasser hat eine scheidende Kraft"* (*Effi Briest*, 1896). Tatsächlich entdeckten die Deutschen schon im letzten Drittel des 18. Jahrhunderts, *„dass hinter dem Nebelschleier, der um England wallt, Sehenswertes verborgen lag"* (Robert Phillipsthal). Großbritannien galt als das Land des Parlamentarismus und des technischen Fortschritts, als hochinteressant und lehrreich zugleich. Die gesellschaftliche Form, die Freiheit der Institutionen, Bildungsniveau und Lebensstandard – alles schien besser.

Im Sommer 1814 überquert Hermann Fürst von Pückler-Muskau den Kanal, um an der Siegesfeier der Alliierten über das napoleonische Frankreich teilzunehmen. Er bleibt in England und lässt sich für die Gestaltung der heimischen Parklandschaft inspirieren. 1824 kehrt er auf die Insel zurück, um eine vermögende Braut zu finden. Aus der Glücksjagd wird eine Parkjagd, in deren Folge die imposanten Parks von Muskau und Branitz entstehen. Die Liebe zu edlen Pferden und die Bewunderung für die feine englische Gesellschaft werden Pückler zeitlebens begleiten.

Theodor Fontane kommt 1844 erstmals als Tourist nach London, 1852 als Privatmann und Feuilletonist, 1855 im offiziellen Auftrag der preußischen Regierung. Allein in seinen *Wanderungen durch die Mark Brandenburg* nimmt er mehr als dreißig Mal Bezug auf London. Der Dichter hat ein Faible für die englische Literatur, dem Viktorianischen Zeitalter steht er jedoch distanziert gegenüber. *„Der ganze Kultus des Goldenen Kalbes ist die große Krankheit des englischen Volkes"*, konstatiert er in seinem 1854 erschienenen Reisebild *Ein Sommer in London*.

Sowohl Fontanes *Korrespondenzen* als auch Pücklers *Briefe eines Verstorbenen* zeichnet nicht nur pure Neugierde, sondern auch kritisches Hinterfragen aus. In ihren Englanderlebnissen spiegeln sich die Probleme des eigenen Landes, und sie sind von überraschender Aktualität. Die vorliegende Studie soll den Leser mit beiden Protagonisten bekanntmachen und zeigen: Die Eindrücke von Land und Leuten – freundliche wie kritische – sind immer von historischen und persönlichen Befindlichkeiten abhängig.

Inhalt

Hermann Fürst von Pückler-Muskau
Erster Englandaufenthalt und Eintritt ins zivile Leben

Am 6. Juni 1814 schiffen sich der russische Kaiser Alexander I. und der preußische König Friedrich Wilhelm III. mit ihrer Entourage im Hafen von Boulogne-sur-Mer ein. Die Überfahrt nach Dover steht bevor. Unter den Passagieren des englischen Linienschiffes »Impregnable« sind der preußische Kronprinz Friedrich Wilhelm und dessen Bruder Prinz Wilhelm Friedrich Ludwig, der Generalfeldmarschall Gebhard Leberecht von Blücher, der Staatskanzler Karl August von Hardenberg sowie der Staatsrat Wilhelm von Humboldt. Zur Entourage des russischen Kaisers zählen der Herzog Carl August von Sachsen-Weimar-Eisenach und dessen Generaladjutant Hermann von Pückler-Muskau. Anlässe für den Besuch auf den Britischen Inseln sind der Sieg der Alliierten über Napoleon und der 100. Jahrestag der Thronbesteigung des Hauses Hannover.

Im Londoner Hyde Park nimmt Alexander I. am 12. Juni die Parade der Alliierten ab. Ihm zur Seite stehen der gastgebende Prinzregent Georg (der nachmalige König Georg IV.), der britische Feldmarschall Arthur Wellesley, erster Herzog von Wellington sowie der preußische Generalfeldmarschall von Blücher.

Für die preußischen Prinzen sieht das Protokoll den Besuch der Universität von Oxford vor, wo man ihnen die Ehrendoktorwürde verleiht. Das dazugehörige Diplom werden sie allerdings erst vier Jahre später in Händen halten. Oxford lockt wegen seiner gotisch anmutenden Bauten, deren Skizzen der dilletierende Kronprinz als Anregung mit nach Hause nimmt. In Warwick Castle, 50 Meilen nördlich, wartet ein weiteres Highlight: die überdimensionale »Warwick-Vase«, ein mit mythologischen Bildern versehenes Kunstwerk. Pierre Barthélemy Fontane, der Großvater des späteren Schriftstellers, hat die Prinzen auf das antike Trinkgefäß neugierig gemacht. Während die Prinzen mehrere Landschaftsgärten bereisen, strebt der österreichische Außenminister Klemens Wenzel Lothar von Metternich ein Bündnis gegen das übermächtig erscheinende Russland an. Ende Juni reisen die Repräsentanten auf den Kontinent zurück. Auf dem Wiener Kongress wird man sich wiedersehen.

Abb. 2 Grange Clarendon Hotel 34-37 Bedford Place, London

Graf Hermann von Pückler-Muskau und Fürst Wilhelm Malte zu Putbus, einst Generaladjutant des schwedischen Kronprinzen Karl Johann, bleiben in England und feiern den Eintritt ins zivile Leben. Die Freunde logieren in Louis Jacquier´s Clarendon Hotel, Old Bond Street (Mayfair), das nicht nur über einen schweizerisch-französischen Wirt, sondern auch eine ebensolche Küche verfügt. Neben der Cuisine française finden die jungen Aristokraten Geschmack an der englischen Gartenkunst. Sorgsam gepflegte Grünflächen und bewusst ins Bild gesetzte Baumgruppen, Wasserläufe und Wege beweisen: Die Schönheit der Natur kann durch die unsichtbare Hand des Menschen noch übertroffen werden. Was liegt also näher, als sich für Muskau und Putbus (Insel Rügen) inspirieren zu lassen?

Denkt Fürst Malte zuerst an die klassizistische Gestaltung seiner Residenzstadt, favorisiert Pückler die Anlage eines großen Parks. Er ruft seinen Generalinspektor Leopold Schefer auf die Insel und bereist mit ihm renommierte Landsitze – sechsunddreißig in sechs Wochen, darunter Stourhead, Longleat, Wilton und Blenheim. Im Holland House (Kensington) verkehren solch namhafte Schriftsteller wie Lord Byron, Charles Dickens oder Walter Scott. Vor den *„entweyhenden Blicken"* Fremder versucht Baron Holland Palast und Park zu schützen, doch für ein Handgeld öffnen die Diener die Gates. Als sie eben den Pleasureground vermessen, lässt Baron Holland die ungebetenen Gäste ohne viel Tamtam vor die Tür setzen. Woanders haben die beiden mehr Glück. Auf Skizzen halten sie alles Gesehene fest – lebende Schmuckeremiten inklusive. Zurück in Muskau braucht Schefer nur noch zu klären, wie die Umsetzung der Ideen zu finanzieren sei.

Pückler bleibt in England, denn er ist auf der Suche nach einer standesgemäßen Braut. Bald dringt die Kunde von der Verlobung des Grafen mit der 44-jährigen Lady Maria Annabella, verwitwete Marquise von Lansdowne, nach Muskau: Ein Ehevertrag sei unterzeichnet, in dem der Standesherr großzügig bedacht worden sei. Aber die Töchter der Lady setzen alles daran, deren Verbindung mit dem dubiosen Grafen zu verhindern. Dem bleiben ein bitterer Nachgeschmack und das Gefühl, die Zeit in England *„fruchtlos"* verbracht zu haben. Im April 1815 kehrt Pückler auf den Kontinent zurück, im Gepäck Pferde, eine offene Kutsche sowie einen komfortablen Reisewagen. Die Liebe zu edlen Rössern und die Bewunderung für die englische Nobility werden ihn zeitlebens begleiten.

Heirat und Verschönerung der Standesherrschaft Muskau

Hermann Ludwig Heinrich von Pückler-Muskau wurde am 30. Oktober 1785 auf Schloss Muskau (Oberlausitz) geboren. Seine Eltern waren der Graf Ludwig Carl Hans Erdmann von Pückler und die 15-jährige Gräfin Clementine Kunigunde Charlotte Olympia, geborene von Callenberg. Seine Kindheit behielt Pückler nicht in guter Erinnerung. Seinen Vater sah er als ein Beispiel dafür, wie Väter nicht handeln sollten und seine junge Mutter hielt er schlichtweg für überfordert. Dass er als schwieriges Kind galt, das sich in mutwilligen Streichen gefiel und Eltern wie Lehrern arg zu schaffen machte, blieb unerwähnt. Auf zwei Hofmeister folgten 1792 das pietistische Adelspädagogium in Uhyst (Spree), 1796 das Pädagogium der Franckeschen Stiftungen in Halle (Saale) und 1798 die Stadtschule (das ehemalige Philantropinum) von Dessau. Um sich auf die Übernahme der Standesherrschaft vorzubereiten, wurde der junge Graf 1802 zum Jurastudium an die Universität Leipzig geschickt. Seine Eltern hatten sich inzwischen scheiden lassen.

Der Student hatte bald genug von der Büchergelehrsamkeit und trat in die Dresdner Elitetruppe Garde du Corps ein, wo er den Ruf des »tollen Pückler« erwarb. Nach vier Jahren quittierte der Rittmeister den Dienst und begab sich als »Sekretär Hermann« auf Grand Tour. Mit Alexander von Wulffen, ab 1827 Adjutant des Prinzen Carl von Preußen, bereiste er die Schweiz, Frankreich und Italien. 1811 kehrte Pückler zurück und übernahm die verschuldete Standesherrschaft. Während der Befreiungskriege wurde Sachsen Kriegsschauplatz und die Standesherrschaft Muskau – mit 50 000 Hektar halb so groß wie die Insel Rügen – zum Durchzugsgebiet. Von den Taten Pücklers als Obrist Lieutenant im Dienste des russischen Kaisers ist wenig überliefert. In dessen Gefolge reiste er im Juni 1814 nach England.

Im Frühjahr 1815 ist Pückler zurück auf dem Kontinent. Das Städtchen Muskau (sorb. Mužakow) hat etwa 1 000 Einwohner. Viele Bewohner der Stadt und der umliegenden Vasallengüter hat eine Typhusepidemie dahingerafft, darüber hinaus sind Missernten zu beklagen. Als sichere Einnahmequelle bleiben dem Grafen kleinere Betriebe und Teichanlagen sowie das südlich der Residenzstadt gelegene Alaunwerk. Der junge Standesherr will seinem Erbe aber nicht den Rücken kehren und aus Muskau – *„inmitten von Wäldern, in einer Art von Wüste, wo es nur Wölfe, Wildschweine, Bauern und Dummköpfe gibt"*– eine Oase machen. Am 1. Mai proklamiert er sein

Manifest an die Muskauer Bürger: Die Anlage eines großen Parks werde zahlungskräftige Besucher anziehen und jedem zum Nutzen gereichen. Mehr als 500 Hektar Land müssten ihm dafür zur Verfügung gestellt werden, zu vernünftigen Bedingungen natürlich. Für die zweihundert Untertanen des Dorfes Köbeln bedeutet dies die Umsiedlung auf das linke Ufer der Neiße.

Eile ist geboten, denn demnächst ist mit dem Ende des Wiener Kongresses zu rechnen. Nur einen Monat später werden die europäischen Grenzen neu gezogen. Die östliche Oberlausitz fällt an Preußen, was den Verlust von Einnahmen und Privilegien bedeutet. *„Viele Kapitalisten, die Gelder auf meiner Herrschaft ausstehen hatten, kündigten sie sofort"*, klagt Pückler. Aber er ist ein Sonntagskind, das immer wieder auf die Beine fällt.

Im Frühjahr 1816 umwirbt der Standesherr die Gräfin Lucie Anna Wilhelmine Christine von Pappenheim, geborene Freiin von Hardenberg-Reventlov. Die wohlhabende Aristokratin lebt seit zwölf Jahren getrennt von ihrem Mann, seit zwei Jahren in Berlin, Pariser Platz 5.

Abb. 3 Fürst Pückler © MOSAIK von Hannes Hegen Nr. 81 vom August 1963

Lucie ist eine attraktive Frau und eine Dame von Welt – nicht bereit, sich den geltenden Konventionen unterzuordnen. Nicht zuletzt ist sie die Tochter des einflussreichen Staatskanzlers von Hardenberg. Den Kosenamen »Schnucke« verdankt sie dem Hamburger Bankier Johann Baptist Sigismund Dehn, ihrem Vertrauten in Geldangelegenheiten. Von Pückler, dem stattlichen Grafen mit den schönen blauen Augen, der Unter den Linden in einer mit Hirschen bespannten Kutsche Furore macht, lassen sich auch ihre Tochter Adelheid sowie ihre Pflegetochter Helmine den Hof machen. Die Entscheidung fällt für die Mutter.

Das viel zitierte Café Kranzler Ecke Friedrichstraße/Unter den Linden 25 existiert damals noch nicht. Erst 1825 eröffnet der österreichische Konditor Johann Georg Kranzler, Leibkoch des Staatskanzlers von Hardenberg, dort sein Geschäft. Zu einem Publikumsmagneten wird die sogenannte Rampe, die erste Berliner Sonnenterrasse und Bühne für fashionable Gardeoffiziere und Dandys. „Man ißt hier nur Eis, verzehrt Kuchen und trinkt Schokolade; die Unterhaltung betrifft nichts anderes als Pferde, Hunde und Tänzerinnen", berichtet Ernst Dronke in seiner von der preußischen Zensur verbotenen Sozialreportage Berlin (1846).

Bevor er sich bindet, investiert der »tolle Pückler« 600 Taler in eine Ballonfahrt. Dass er nicht in Potsdam, sondern im Havelland auf einem Baum landet, gilt keineswegs als schlechtes Omen. Am 20. November 1816 findet die Verlobung mit Lucie statt. Bis zur Hochzeit gibt es noch einiges zu arrangieren: Karl Theodor Friedrich Graf und Herr zu Pappenheim muss in die Scheidung einwilligen, für die Töchter sind standesgemäße Partner zu finden. Um Pücklers Schloss neu zu „meublieren", sendet Lucie ihre Wünsche nach Muskau (nicht zu verwechseln mit Moskau). In dem außen eher schmucklosen Schloss soll es an nichts fehlen, weder an exotischen Papageien noch an englischem Briefpapier. Türkisches Parfüm wird Lucies Schal in gutem Geruch erhalten, denn ihr Bräutigam frönt der Tabaksucht.

Dank Lucies Vermögen, der Tatkraft von Obergärtner Jakob Heinrich Rehder und zweihundert Arbeitern nimmt auch der Park Gestalt an. Eine am Schloss vorbeiführende Straße wird abgetragen, die Festungsgräben werden aufgefüllt, ein zweiter Flussarm (die Hermannsneiße) und der Schlossteich (der Luciesee) entstehen. Aus Branitz, dem 4 preußische Meilen (á 7 505,46 Meter) entfernten Stammsitz derer von Pückler, lässt der Standesherr größere

Bäume heranschaffen und mittels „Baum-Maschinen" verpflanzen. So ist zwar schnell *„ein Sümmchen von 36.000 Talern"* ausgegeben, doch der Park wird dem Adelssitz zu Renommee verhelfen.

Am 1. Juli 1817 heiratet Adelheid den Oberstleutnant und späteren Oberst-jägermeister Heinrich Carl Wilhelm Fürst zu Carolath-Beuthen. Im Palais Schickler am Berliner Dönhoffpatz führt die Fürstin einen Salon, residiert jedoch in der niederschlesischen Standesherrschaft Carolath-Beuthen. Hoch über der Oder, dem *„majestätisch hinschlängelnden Strom"*, existiert auch dort ein weitläufiger Park. Zum Regierungsantritt Williams IV., Regent des Vereinigten Königreichs von Großbritannien und Irland sowie König von Hannover, reist das Fürstenpaar zu Carolath-Beuthen 1830 nach London. Zwischen Mitte September und Ende November berichtet die *Times* vom Besichtigungsprogramm und verweist auf das Verwandtschaftsverhältnis der Fürstin Adelheid mit Queen Adelaide, geborene Prinzessin von Sachsen-Meiningen.

Graf Pückler nennt seine Stieftochter *„die Venus mit den schönen Hän-den"*. Theodor Fontane setzt der schriftstellernden Aristokratin ein literari-sches Denkmal: *„Die Carolath ist eine Dame von Welt, und vor allem eine Fürstin"*, heißt es in seiner Novelle *Schach von Wuthenow* (1883). *„Aber zum Überfluß ist die Carolath auch noch schön. Un teint de lis et de rose."*

Am gleichen Tag, an dem Adelheid den Bund der Ehe schließt, wird ihre Mutter geschieden. Nicht ohne Wehmut verzichtet Lucie auf das barocke Anwesen Dennenlohe, zu dem ein herrlicher Rhododendronpark und ein weitläufiger Landschaftsgarten gehören. Dafür zahlt ihr der Graf von Pap-penheim die stattliche Abfindung von 45.000 Gulden (ca. 4,5 Millionen Eu-ro). Am 9. Oktober 1817 wird in der Oberlausitz Hochzeit gefeiert. In der Abgeschiedenheit von Muskau fühlt sich die neuvermählte Gräfin zunächst *„wie ein Einsiedler und beinahe wie im Grabe"*. Abwechslung bieten Aus-flüge nach Carolath oder in die nahe Kunststadt Dresden, darüber hinaus ent-deckt sie ihre Freude an der Jagd und an der Landschaftsgestaltung. Hat Pückler seine Verbindung mit der neun Jahre älteren Lucie zunächst als Kon-venienzheirat betrachtet, die ihm jede Freiheit vorbehält, erweist sie sich bald als Seelenverwandte und fürsorgliche Freundin. Er nennt sie »Schnucke«, für sie ist er »Freund«, später »Fürst« oder einfach nur »Lou« – ihr draufgänge-rischer, manchmal rücksichtsloser, oft auch melancholischer Wolf.

Die Hochzeitsreise führt im Frühjahr 1818 nach Paris. Lucie imponieren die feine Sprache und ausgesuchte Höflichkeit der Franzosen, das gute Essen und die komfortablen Betten. Doch das „*Gewühl*" der Seinestadt ist ihr unheimlich. Nach drei Monaten, in denen sie mehrfach den Jardin des Plantes bewundert, sehnt sich Lucie nach Muskau, der „*lieblichen Burg an der Neiße*", zurück, wo sie während der Abwesenheit ihres Gatten das Parkprojekt vorantreibt. Der rastlose Pückler ist nämlich ständig auf Achse.

Vom 9. September bis 18. November 1818 weilt er auf dem Aachener Kongress. Anders als in Wien einigen sich die Großmächte diesmal schnell: Frankreich erreicht den Abzug der Besatzungstruppen sowie die Herabsetzung der Reparationszahlungen. Damit steht dem erneuten Aufstieg des Königreiches zu einer europäischen Großmacht nichts mehr im Wege. Pücklers Bemühungen gelten seiner diplomatischen Laufbahn. Um protegiert zu werden, ist ihm jedes Mittel recht. Er wird vom österreichischen Kaiser empfangen, der preußische König nimmt ihn in seine Gefolgschaft auf und von seinem misstrauischen Schwiegervater wird er zu Dîners geladen. Die anwesenden Damen bringen dem Grafen ihre Sympathie entgegen, aber der erhoffte Diplomatenposten springt dabei nicht heraus. Mehr Erfolg hat sein Freund Malte zu Putbus. Im Juni 1838 wird der Fürst als außerordentlicher Botschafter Friedrich Wilhelms III. zur Krönung Victorias, Königin des Vereinigten Königreiches von Großbritannien und Irland, nach London gesandt.

Abb. 4 Hermann von Pückler-Muskau   Abb. 5 Lucie Reichsgräfin von Pappenheim

Pückler residiert in Berlin Unter den Linden 9. *„Denkt euch ein niedriges, vier Fenster breites, von zwei hohen schönen Gebäuden eingeklemmtes Haus, dessen Stock über dem Erdgeschoß nur wenig über die Fenster im Erdgeschoß des nachbarlichen Hauses hervorragt, dessen schlecht verwahrtes Dach, dessen zum Teil mit Papier verklebte Fenster, dessen farblose Mauern von gänzlicher Verwahrlosung des Eigentümers zeugen."* Mit diesen Worten macht E. T. A. Hoffmann das dubiose Gebäude zum Mittelpunkt seines Nachtstückes *Das öde Haus* (1817): Ein Graf P., nach der Nutzung des Hauses befragt, macht dazu bewusst falsche Angaben … Schon 1824 entsteht an gleicher Stelle der Neubau für die Kaiserlich-Russische Gesandtschaft (heute Russische Botschaft, Unter den Linden 63–65).

Um auch auf künstlerischem Gebiet brillieren zu können, nimmt Pückler *„Singstunden"*. Im Januar 1821 wird zu Ehren des russischen Thronfolgerpaares das Festspiel *Lalla Rookh* (1817) inszeniert. Theodor Fontane, der literarische Chronist Preußens, schildert die lebendigen Bilder: In bucharischen bzw. indischen Kostümen agieren neben vielen anderen der Fürst Malte zu Putbus und (als Sterbender Krieger) der Graf von Pückler-Muskau.

Überspannt ihr Gatte den Bogen, kann aus der sanften »Schnucke« durchaus ein gehörntes Pulverfass werden. »Lou« träumt nämlich nicht nur von Hellinchen (Helmine), dem *„Ebenbild einer Venus"*, er macht seiner Stieftochter auch weiterhin den Hof. Friedrich Wilhelm III. findet ebenfalls Gefallen an der lieblichen Helmine und erhebt sie in den Adelsstand. Dass sie preußische Königin wird, weiß ihr Stiefgroßvater zu verhindern. 1824 wird Wilhelmine von Lanzendorf mit Hans Friedrich Bernhard Freiherr von Blücher, einem Leutnant des 1. Garde-Ulanen-Regimentes, verheiratet.

Der lebenslustige Fürst Karl August von Hardenberg widmet sich der 42 Jahre jüngeren Friederike Hähnel und seiner Standesherrschaft Neu-Hardenberg. Die Umgestaltung des Schlossparks obliegt dem Garteningenieur Joseph Peter Lenné. Erst nachdem sich der Fürst vom Fortgang der Arbeiten in Muskau überzeugt hat, zieht er auch seinen Schwiegersohn heran. Im Mai 1822 soll Pückler einen Plan für Neuanpflanzungen erstellen. Fachliche Beratung verspricht der Gartenarchitekt John Adey Repton. Mit ihm wird Lenné im Spätsommer nach England reisen.

Im zweiten Teil seiner *Wanderungen durch die Mark Brandenburg* (1863) plaudert Fontane aus, der Park hinter dem Schloss Neuhardenberg sei stets ein Punkt freundschaftlichen Disputs gewesen. Neuerungen hätte Hardenberg abgelehnt, denn sie bedeuteten das Entfernen eines Dutzends der allerschönsten Bäume. Aber davon will der schwerhörige 72-Jährige nichts wissen. Eines Tages, als ein Kreis nächster Freunde heiter an der Tafel sitzt, lässt Pückler zur Axt greifen. *„Nun war das Mahl beendet"*, schreibt Fontane, *„und Wirt und Gäste traten auf die Veranda hinaus, die den Blick hat auf Wiesen und Monument. Der alte Fürst stand wie getroffen – das war der Park nicht mehr, dessen großen Mittelgang er noch vor Tisch in lebhaftem Geplauder durchschritten hatte. [...] Eine Allee war verschwunden, und wo ein Elsbruch [Erlenwald] war, war eine Parkwiese entstanden, an deren Ausgang das Wasser des Kanals blitzte."*

Der Staatskanzler muss sich von dem Schock bald erholt haben, noch im selben Jahr wird Pückler gefürstet. Der Titel »Durchlaucht« (ihn darf Pückler erst wieder ab Oktober 1861 führen) und die Benennung der Standesherrschaft Muskau als Fürstentum sind im Patent nicht vorgesehen. Bereits am 26. November 1822 verstirbt Hardenberg. Damit zerschlägt sich endgültig Pücklers Traum von einer diplomatischen Karriere. Obwohl ihm der notwendige Studienabschluss fehlt, hat er sich bereits als preußischen Gesandten in Konstantinopel gesehen. Nun fühlt er sich als Verstorbener ...

Abb. 6 das Neue Schloss in Muskau nach Plänen Schinkels

14

Während man sich in Berlin über die Günstlingswirtschaft ereifert, reist der preußische Oberbaurat Karl Friedrich Schinkel nach Muskau und entwirft klassizistische Parkarchitekturen. Jenseits der Neiße soll eine Cottageanlage mit Gastwirtschaft und allerlei Amüsement entstehen – das Englische Haus. Weniger Anklang finden die Pläne der Gärtner John Adey Repton und Vernal zur Gestaltung des Pleasuregrounds. Da Pücklers Schwiegervater nur ein schmales Erbe hinterlassen hat, erweisen sich die *„sanguinischen"* Projekte in Muskau bald als Fata Morgana. Die jährlichen Aufwendungen sind mit Nettoeinnahmen von 12.000 Talern nicht zu kompensieren.

Am 23. Juni 1823 wird diesseits der Neiße das Hermannsbad – ein Moorbad mit Restaurationsgebäude und Logierhaus – eröffnet. Bädertourismus ist *en vogue.* Fürst Malte zu Putbus hat am Greifswalder Bodden bereits das zweite Badehaus errichten lassen, das sich großer Beliebtheit erfreut. Doch Lucie hegt Zweifel am Erfolg dieser Geschäftsidee. Ihr Fürst versucht sie zu beruhigen: *„Eine Thorheit mehr oder weniger verschlägt nichts, und ausgebadet muß das Bad nun werden."* Auch wenn er für die zu erwartenden Gäste einen Fahrweg zum Englischen Haus anlegen lässt: Den böhmischen Bädern machte Muskau deshalb keine Konkurrenz. Immer häufiger quälen auch Pückler Ängste, und nachts überkommt ihn die Todessehnsucht eines schwarzen Romantikers …

Der Weg aus der Finanzmisere kann offenbar nur über eine Scheidung führen. Am 31. Oktober, einen Tag nach Pücklers 38. Geburtstag, schreibt ihm die Fürstin einen folgenreichen Brief. Unter der Überschrift *Todesurteil der Aermsten auf Erden* bietet sie dem *„Theuersten und Geliebtesten, was sie in dieser Welt besaß"* die Scheidung an – *„Trennung aus zärtlichster Liebe".* Der Fürst willigt *pro forma* ein. Im gleichen Atemzug verspricht er eine wohlhabende Braut zu finden, mit deren Vermögen sich die Projekte zu Ende führen ließen. Bis zur rechtskräftigen Scheidung vergehen drei Jahre, in denen die emotionale Bindung des Paares enger wird und das *„Sündenregister"* weiter anwächst.

Zweiter Englandaufenthalt zwecks Brautschau und Parkjagd

Zwei Freunde Pücklers haben ihr Glück in England gefunden. Der Major a. D. Heinrich von Maltzan führt mit Julie Poulott-Thomson of Waverley, der Tochter eines englischen Kaufmanns, ein sorgloses Leben in Dresden. Deren Schwester Sophia hat dem mecklenburgischen Gutsherrn und Vollblutzüchter Wilhelm von Biel zu Wohlstand verholfen. Während man auf dem Kontinent noch über den Abbau der Zollschranken streitet, erlebt England einen beispiellosen Wirtschaftsboom. Blaublütige *fortune hunters* kommen, um mit der Tochter eines vermögenden Geschäftsmannes auf den Kontinent zurückzukehren. Den Glücksrittern eilt der Ruf von Romantik und gepflegten Umgangsformen voraus. Und welche junge Lady möchte nicht Baronin, Gräfin oder gar Fürstin werden?

Erst 1826, nachdem König Friedrich Wilhelm III. in die Scheidung eingewilligt hat, kann Pückler die Angelegenheit öffentlich machen. Er preist die Opferbereitschaft der Fürstin, das Wohnrecht im Schloss soll ihr auf Lebenszeit erhalten bleiben. Nachdem er seiner Ex-Frau alle notwendigen Vollmachten erteilt hat, plant der Fürst seine zweite Englandreise. Die Route quer durch die deutschen Fürstentümer muss im Pass dokumentiert und exakt eingehalten werden. Die »Schnucke« begleitet ihren »Lou« bis Bautzen, am 7. September verabschieden sich beide voneinander. In der Dresdner Nobelherberge Hôtel de Saxe schreibt er ihr den ersten Brief, in dem er ihre Vorzüge preist und sie bittet, sich bis zu seiner Rückkehr durch Geschäfte zu zerstreuen, vor allem aber die ärztlichen Anordnungen zu befolgen.

In Dresden wird der englische Reisewagen beladen, bis er einem *„vierspännigen nomadischen Wohnhaus"* gleicht. Auf mautpflichtigen Chausseen rollt das Gefährt vorbei an den Schlachtfeldern von Leipzig und Lützen, Jena und Auerstedt. Große Kristallfenster bieten ungehinderte Sicht. Die Lakaien sitzen erhöht hinter dem Wagen, von wo sie Gepäck und Pferde beaufsichtigen, aber keinen Blick in das Innere werfen können – geschweige denn etwaiger Konversation lauschen.

Am 13. September trifft Pückler in Weimar ein. *„Am nächsten Tage stellte ich mich diesem, meinem alten Chef [Großherzog Carl August], und den sämtlichen hohen Herrschaften vor, die ich wenig verändert, den Hof aber durch zwei liebenswürdige Prinzessinnen [Marie und Augusta] vermehrt* fand, die, wären sie auch im geringsten Privatstande geboren, durch äußern Reiz und treffliche Erziehung ausgezeichnet erscheinen müßten. Man ist übrigens hier noch von einer, anderwärts ganz aus der Mode gekommenen, Artigkeit gegen Fremde", lobt der Fürst seine thüringischen Gastgeber.

„Kaum war ich angemeldet, als schon ein Hoflakai bei mir erschien, um sich nebst einer Hofequipage für die Zeit meines Hierseins zu meiner Verfügung zu stellen, und mich zugleich ein für allemal zur Mittagstafel einzuladen. Der Großherzog hatte am Morgen die Güte, mir seine Privatbibliothek zu zeigen, die elegant arrangiert, und besonders reich an prächtigen englischen Kupferwerken ist. Er lachte herzlich, als ich ihm erzählte, kürzlich in einem Pariser Blatte gelesen zu haben, daß auf seinen Befehl Schiller ausgegraben worden sei, um sein Skelett in des Großherzogs Bibliothek in natura aufzustellen. Die Wahrheit ist, daß bloß seine Büste mit denen anderer die Säle ziert, sein Schädel aber dennoch, wenn ich recht hörte, im Postamente derselben verwahrt wird, allerdings eine etwas sonderbare Ehrenbezeugung." An der Echtheit der Schillerschen Relikte zu zweifeln, besteht zu jener Zeit kein Bedürfnis.

Den Park an der Ilm sieht Fürst Pückler mit erneutem Vergnügen wieder. „Die Gegend ist zwar nicht eben reich an pittoresker Schönheit, aber die Anlagen sind so verständig erdacht, die einzelnen Partien so sinnig und schön ausgeführt, daß sie ein Gefühl der Befriedigung zurücklassen, welches ähnliche Bestrebungen, auch bei günstigerer Natur, selten in dem Grade hervorbringen. Als neuen Zusatz fand ich in einem weiten Rondell, in dessen Mittelpunkt ein herrlicher alter Baum steht, einen kleinen botanischen Garten angelegt, wo man, nach dem Linnéischen System geordnet, einzelne Exemplare aller im Freien aushaltenden Bäume, Sträucher und Pflanzen antrifft, die der hiesige Park und Garten enthält. Es kann keinen freundlichern Ort zum lebendigen Studium der Botanik geben, als den Sitz unter diesem alten Baume, der wie ein ehrwürdiger Stammvater auf die ihn umgebende Jugend von allen Formen, Blättern, Blüten und Farben herabschaut."

Am nächsten Tag besucht er die Pflanzenhäuser im Park Belvedere. Da man bei Hofe sehr zeitig speist, bleibt kaum Zeit, sich *en costume* zu werfen. Die Unterhaltung wird animiert durch die Anwesenheit mehrerer Engländer und einige Anekdoten aus Pücklers Zeit im Dienste des Großherzogs. Besonderes Interesse findet jedoch die jüngste Nordamerika-Reise des Prinzen

Bernhard. Pückler schwärmt: *„Dieser Prinz, den die Geburt hoch gestellt hat, steht als Mensch noch höher, und niemand konnte, namentlich den freien Amerikanern, eine vorteilhaftere Idee von einem deutschen Fürsten geben, als gerade er, der freie Würde im Benehmen mit echter Liberalität der Gesinnung, und anspruchloser Liebenswürdigkeit des Umgangs verbindet."*

Am Abend des 15. September wird der »grüne Fürst« vom »Dichterfürsten« Goethe empfangen. Man plaudert über Napoleon, Sir Walter Scott, Lord Byron und Muskau. *„Im politischen Felde schien er nicht viel auf die so beliebten Constitutions-Theorien zu geben"*, schreibt Pückler. *„Ich verteidigte mich und meine Meinung indes ziemlich warm. Er kam hier auf seine Lieblings-Idee, die er mehrmals wiederholte, nämlich daß jeder nur darum bekümmert sein solle, in seiner speziellen Sphäre, groß oder klein, recht treu und mit Liebe fortzuwirken, so werde der allgemeine Segen auch unter keiner Regierungsform ausbleiben. Er für seine Person habe es nicht anders gemacht, und ich mache es in M..."* Als Pückler England als Vorbild preist, entgegnet Goethe, das Beispiel sei nicht zum besten gewählt, denn in keinem Lande herrsche mehr Egoismus vor, *„kein Volk sei vielleicht wesentlich inhumaner in politischen und Privat-Verhältnissen, nicht von außen herein durch Regierungsform käme das Heil, sondern von innen heraus durch weise Beschränkung und bescheidene Tätigkeit eines jeden in seinem Kreise. Dies bleibe immer die Hauptsache zum menschlichen Glücke, und sei am leichtesten und einfachsten zu erlangen."*

Mit hoher Ehrfurcht und Liebe verlässt Pückler den großen Mann, den dritten im Bunde mit Homer und Shakespeare. Am nächsten Tag schreibt er Goethe einen Dankesbrief, legt eine Beschreibung des Hermannsbades bei und fügt den Bildern das seinige hinzu. Als Seine Exzellenz den Brief empfängt, ist Pückler bereits auf dem Weg nach Rotterdam (Niederlande), von wo die Passage nach London erfolgen soll. Hinter Wesel endet die befestigte Chaussee, bis Arnheim waten die Pferde nun *„in Berliner Streusand"*. Die Gegend zwischen Arnheim und Utrecht vergleicht Pückler mit den märkischen Ebenen. Mit dem Unterschied, dass hier neben Kiefern auch Eichen, Weiß- und Rotbuchen, Birken und Pappeln gedeihen. Pückler hat die Vision, dass eines Tages auch die heimischen Kiefernwälder in *„blühende Fluren verwandelt, und die ganze tote Gegend dadurch wahrhaft umgeschaffen werden könnte"*. Auf das schmucke Städtchen Gouda folgt das fruchtbare Umland von Rotterdam – *„wegen seiner hübschen Landmädchen und saftigen*

Früchte berühmt, welche (die Letztern nämlich) einen nicht unbedeutenden Ausfuhrartikel nach England abgeben". Pückler legt Lucie einen Steindruck des Dampfschiffes bei, mit dem er am folgenden Tag absegeln wird.

Eine Seereise ist noch immer mit Unannehmlichkeiten verbunden. Übel riechende, stampfende Dampfboote lösen die guten alten Segelschiffe ab. Wie befürchtet stürmt die See, die Passagiere erwischt eine *bourrasque* – die leidige Seekrankheit. Nach der Überquerung des Ärmelkanals kommt London, aber die »Soho« bleibt auf einer Sandbank in der Themse stecken. Bei diesem unfreiwilligen Stopp wird Pückler von einem Engländer ins Gespräch gezogen, der kürzlich die Brüdergemeinde Herrnhut und das Muskauer Hermannsbad besucht hat. Begeistert äußert sich jener über die *„evergreen woods"*, die endlosen Kiefernwälder, die in England eine geschätzte Seltenheit seien.

Am 28. September 1826 – nach vierzig statt der üblichen zwanzig Stunden – geht die »Soho« nahe der Old London Bridge vor Anker. Zwar hat der Fürst endlich festen Boden unter den Füßen, aber mitten in der Nacht darf das Gepäck nicht entladen werden. Notgedrungen übernachten er und seine Entourage in einer Matrosen-Taverne. Am nächsten Tag hilft der *„goldne Schlüssel"* die übliche Wartezeit im Custom House zu verkürzen. Über ein Dutzend französischer Damenhandschuhe, als Gelegenheitsgeschenke gedacht, schauen die Zollbeamten dank der Guinees (Goldmünzen) großzügig hinweg.

Endlich wird das Clarendon Hotel erreicht, in dem Pückler während seiner ersten Englandreise logierte. Der geschäftstüchtige Nachfolger des alten Wirtes hat die Übernachtungskosten drastisch angehoben. Obendrein stellt Pückler beim Einchecken fest, im *trouble* der Nacht einen Beutel mit 80 Souvereigns (Goldmünze à 1.20 Pfund) in der Taverne liegengelassen zu haben. Glücklicherweise wird der Beutel gefunden und samt Inhalt seinem Besitzer zugestellt.

Was neben der *„Art und Artigkeit der dienenden Klassen"* angenehm auffällt, ist die Reinlichkeit, die große Bequemlichkeit der *meuble*. Man bezahle zwar das Sechsfache für den Luxus, erfährt die Fürstin, finde aber dafür sechsfach mehr *comfort*. Das Himmelbett hat die Größe eines französischen Kabinetts, auf dem Waschtisch steht eine kleine Wanne aus chinesischem

Porzellan. *Robinets* (Zapfhähne) liefern jede gewünschte Wasserflut, *water-closets* bieten andere Bequemlichkeiten. Im Kamin knistert ein behagliches Feuer, zusätzliche Kosten entstehen für Wachs- oder Talglicht. „*Braucht man sonst etwas, so erscheint auf den Ruf der Klingel entweder ein sehr nett gekleidetes Mädchen mit einem tiefen Knicks, oder ein Kellner, der in der Tracht und mit dem Anstand eines gewandten Kammerdieners respektvoll Deine Befehle entgegennimmt, statt eines ungekämmten Burschen in abgeschnittener Jacke und grüner Schürze, der mit dummdreister Zutätigkeit Dich fragt: ›Was schaffen's, Ihr Gnoden‹, oder: ›haben Sie hier geklingelt?‹ und dann schon wieder herausläuft ...*" Dafür sind Trinkgelder in England mehr als irgendwo an der Tagesordnung und werden mit seltener Unverschämtheit selbst in der Kirche eingefordert.

Im Herbst ähneln die Straßen der Weltstadt einer ausgefahrenen Landstraße, Schmutz und Nebel machen die Gasbeleuchtung nicht selten am Tage notwendig. Dagegen laden vortreffliche Trottoirs und herrliche Geschäfte zum Bummeln. Nachts werden die bunten Glaskugeln vor den Apothekerläden zum Leitstern, zuweilen auch zum Irrstern.

Abb. 7 das Epsom Derby

Da sich die *beau monde* jetzt außerhalb Londons aufhält, scheint von der Ankunft des Fürsten niemand Notiz zu nehmen. Lediglich die *Times* verkündet am 5. Oktober, ein *„Prince Buckler from Berlin"* logiere in der Stadt. Pückler weiß, dass die Engländer mit dem Titel »Fürst« ohnehin nichts anfangen können. Inkognito erkundet er, was sich in den letzten zwölf Jahren verändert hat. Der Architekt John Nash hat Buckingham House zu einem Palast umgebaut, aus dem Regent's Park wird eine der Hauptstadt der Welt würdige Anlage aus *„scheinbar freier Natur"*: mit großartigen Hügeln und künstlichen Felsen, schönen Wasserpartien mit *„üppig bebuschten Uferzonen"* sowie einem *„Circus prachtvoller Gebäude"*.

Nicht zum Vorteil hat sich Chiswick House (Borough of Hounslow) verändert. Die Fürstin liest, in England sei die *„häßliche Mode"* eingerissen, den Pleaseureground *„mit einzelnen, fast reihenweis gestellten seltenen Bäumen zu bepflanzen"*, was eher den Eindruck einer Baumschule als einer *„ausgedehnteren Wohnung"* mache. Bewunderung gelte den in der Orangerie untergebrachten Pflanzen.

Die Korrespondenz mit Lucie läuft über den preußischen Legationssekretär von Wylich und Lottum. Da die Diplomatenpost nicht täglich geht, sammelt sich mitunter ein Konvolut von zehn Seiten an, ergänzt durch Skizzen, kleinere Gedichte oder getrocknete Blumen. Als sich der Verdacht erhärtet, seine Briefe würden durch das Ministerium für auswärtige Angelegenheiten mitgelesen, bevorzugt Pückler die reguläre Post. Wegen seines wechselnden Aufenthaltsortes bemerkt Lucie scherzhaft, seine Adresse sei sehr *„changeant"*.

Wer Kontakte knüpfen will, verkehrt in 4 Carlton House Terrace, Belgravia (City of Westminster). Hier residiert bei Pücklers Ankunft der „freundliche, aber stille", ihm stets wohlgesonnene Bogislaw Freiherr von Maltzan als königlich-preußischer Gesandter. Ihm folgt im April 1827 der Diplomat Heinrich Freiherr von Bülow, ein Schwiegersohn Wilhelm von Humboldts. Dringendste Anliegen sind der Deutsche Zollverein und die Vermittlung im griechischen Unabhängigkeitskrieg. Im Londoner Vertrag vom 6. Juli 1827 werden die Großmächte auf einen Waffenstillstand zwischen den revolutionären Griechen und dem Osmanischen Reich dringen.

Anders als die einheimischen halten sich die ausländischen Diplomaten ganzjährig in London auf. Der Fürst von Pückler-Muskau genießt die Gastfreundschaft des österreichischen Gesandten Paul III. Anton Fürst Esterházy de Galántha. Der mit orientalischem Pomp im Chandos House, Queen Anne Street (Marylebone) residierende Fürst Esterházy ist ein *„Mann von Talent, vornehmen Manieren, Gewandtheit und Takt"*, in dem allerdings auch ein Teufel steckt: Er gilt als unersättlicher Lüstling, der gern die Dienste *„gemeiner Mädchen"* in Anspruch nimmt. Seine gebildete Ehefrau, die Fürstin Maria Theresia, stammt aus dem Hause derer von Thurn und Taxis.

Einer der wichtigsten Ansprechpartner ist der Bankier Nathan Mayer Freiherr von Rothschild. Obwohl er seit drei Jahrzehnten in England lebt und mit der Tochter eines Londoner Kaufmanns verheiratet ist, hat er seinen hessischen Akzent beibehalten. Der Bankier ist ein jovialer Mann, der imstande ist, auch mal über sich selbst zu scherzen. Pücklers Kreditbriefe (im Wert von 1,615 Pfund, was etwa den jährlichen Einnahmen der Standesherrschaft Muskau entspricht) sind für ihn *small beer*. Wie gern würde auch er zum Vergnügen reisen, statt sein Leben mit Arbeit zu verschwenden! Pückler folgt den Einladungen in Rothschilds Stadthaus, 107 Piccadilly oder in dessen Villa in dem von jüdischen Familien bevorzugten Stamford Hill (Borough of Hackney). Dort lässt Hannah Freifrau von Rothschild die kostümierten Aufführungen ihres Gatten – mal als König von Frankreich, mal als Kaiser von Russland, mal als preußischer König – taktvoll geschehen. Ohne sein Geld wären sie alle längst verhungert ...

Besonders wichtig ist dem Fürsten die Einführung in den Travellers Club (heute in 106 Pall Mall). Der exklusive Klub reisender Gentlemen besticht durch edle Teppiche und Mahagonimöbel, Spieltische und Marmorkamine, eine umfangreiche Bibliothek sowie einen gut sortierten Weinkeller. Dress Code und Etikette imponieren Pückler, doch ohne festen Wohnsitz ist er misstrauischen Blicken ausgesetzt. Das Messer wie eine Gabel zum Mund führen, Zucker oder Spargel mit den Händen nehmen oder ganz und gar irgendwo ausspucken würde unter den Gentlemen blankes Entsetzen auslösen. Man muss sich in acht nehmen, so wenig wie möglich anders zu machen. *„Die Sitte des halben Niederlegens statt Sitzens, gelegentlich auch der Länge nach auf den Teppich zu den Füßen der Damen, ein Bein über das andere so zu legen, daß man den einen Fuß in der Hand hält, die Hände im Ausschnitte der Westenärmel tragen u. s. w., dies alles sind Dinge, die bereits in die größten Gesellschaften und ausgesuchtesten Zirkeln übergegangen sind."*

Die Selbstgefälligkeit der Aristokraten fällt auch Heinrich Heine auf, der von April bis August 1827 in London weilt: *„Über dem Menschengesindel, das am Erdboden festklebt, schwebt Englands Nobility wie Wesen höherer Art, die das kleine England nur als ihr Absteigequartier, Italien als ihren Sommergarten, Paris als ihren Gesellschaftssaal, ja die ganze Welt als ihr Eigenthum betrachten. Ohne Sorgen und ohne Schranken schweben sie dahin, und ihr Gold ist ihr Talisman, der ihre tollsten Wünsche in Erfüllung zaubert."* (In: *Reisebilder. Englische Fragmente*, 1828)

Bei den üblichen Whist-Partien beeindruckt Pückler durch eine nicht enden wollende Glückssträhne. Aber bald ist damit Schluss. Er verliert 800 Pfund (etwa 5.600 Taler) und schwört dem Glücksspiel ab. Sich anhäufende Schulden sind Anlass, von der teuren Bond Street nach 41 Jermyn Street, St. James´s umzuziehen.

Am 19. Oktober flieht der Fürst, dem das Londoner Klima ganz und gar nicht bekommen will, in das 60 Meilen entfernte Newmarket (Suffolk). Auf der ältesten Galopprennbahn des Landes gilt das Motto „Sehen und gesehen werden". Damen wie Herren zeigen sich in der neuesten Mode – obligatorisch ist der Hut. Man begegnet Prominenten, trifft alte Bekannte und hofft auf Gewinn. Zunächst paradieren die edlen Vollblüter in einem Vorführring. Einige Pferde sind nervös, andere versuchen sich dem Rennen zu entziehen. Wenn die Glocke ertönt und die Jockeys *(„oft alte Diminutiv-Greise von 60 Jahren")* aufsteigen, geht es in leichtem Galopp zur Startanlage. Dann gibt es kein Zurück mehr!

Auch Pückler verfällt dem Wettfieber. Dreimal gewinnt er eine ansehnliche Summe, bald darauf verliert er das Doppelte. *Easy come – easy go …* Eine andere Art *sport* sind frivole Wetten mit jungen Damen, denen als Preis die mitgebrachten Handschuhe winken. Am 9. Oktober 1828 schreibt Pückler in sein Tagebuch: *„Sport ist ebenso unübersetzbar wie gentleman."* Damit ist er der Erste, der das Wort *sport* (lat. disportare: ursprünglich sich auseinandertragen, dann sich vergnügen, später allgemein für körperliche Ertüchtigung) in die deutsche Sprache einführt.

Großer Beliebtheit erfreuen sich die Londoner Shakespeare-Aufführungen. Der in Deutschland herrschenden Meinung, William Shakespeare sei besser zu lesen als auf der Bühne zu erleben, widerspricht Pückler energisch. Deutsche Schauspieler seien oft überfordert und ständen auf der unteren Sprosse der Leiter. Dagegen seien die englischen Charakterdarsteller geachtete Mitglieder der Gesellschaft. Man gehe vor allem ihretwegen ins Theater, weniger wegen der Stücke. Was einem Fremden allerdings aufstoße, sei die *„Rohheit und Ungezogenheit"* des Publikums. Je nach Stimmung sei entweder mit Gelächter und Beifallsgeschrei oder einer handfesten Prügelei zu rechnen. Und das alles in dem religiösen und dezenten England! *„Dies geht so weit"*, schreibt Pückler, *„daß man sich oft im Theater jener widrigen Venus-Priesterinnen, besonders wenn sie betrunken sind, was nicht selten der Fall ist, kaum erwehren kann, wobei sie auch auf die unverschämteste Weise betteln, so daß man oft das hübscheste und bestgekleidetste junge Mädchen sieht, die nicht verschmäht, einen Schilling oder Sixpence, gleich der niedrigsten Bettlerin, anzunehmen, um am Büffet ein halbes Glas Rum oder Gingerbeer dafür zu trinken – und so etwas geht, ich wiederhole es, in dem Nationaltheater der Engländer vor, wo ihre höchsten dramatischen Talente sich entwickeln sollen!"*

Im November (neuerdings im Mai) findet das *„Staatstheater"* der Parlamentseröffnung statt. Zu Beginn durchsuchen Yeomen of the Guard den Keller der Westminster Hall nach Sprengstoff. Währenddessen wird ein Mitglied des Unterhauses im Buckingham Palast als Geisel festgesetzt. Er soll die sichere Rückkehr des Monarchen gewährleisten. Um zwei Uhr folgt das erregende Moment: Kanonensalven verkünden, George IV. verlasse den Buckingham Palast und begebe sich im Irish State Coach (seit 2014 Diamond Jubilee State Coach) zum Parlamentsgebäude. Indes kommen vom Tower die Imperial State Crown sowie das Great Sword of State (Reichsschwert) und der samtene Cap of Maintenance (rote Barettmütze) gefahren.

Der Monarch betritt das Parlamentsgebäude durch den Sovereign's Entrance. Nachdem man ihm im Robing Room Hermelinumhang und purpurne Samtschleppe angelegt und die Krone aufgesetzt hat, begibt er sich über die Royal Gallery zur Lords Chamber, wo die Mitglieder des House of Lords sowie Vertreter der britischen Judikative und Mitglieder des diplomatischen Corps warten. Der Monarch nimmt Platz und bittet den Gentleman Usher of the Black Rod (Pförtner des schwarzen Stabes), die Mitglieder des House of

Commons in die Lords Chamber zu führen. Wenn sich der Black Rod der Commons Chamber nähert, wird vor seiner Nase die Tür zugeschlagen. Dieses Ritual unterstreicht die Unabhängigkeit des Unterhauses. Daraufhin klopft der Black Rod dreimal energisch an. Auf die Frage „Who is there?" antwortet er erwartungsgemäß „The Black Rod!" und erklärt, dass der Monarch die Unterhausabgeordneten zu sehen wünsche. Der Speaker, der Premierminister und die Kabinettsmitglieder – die britische Exekutive – begeben sich nun zum House of Lords, wo sie sich vor dem Staatsoberhaupt verneigen. Durch die Zusammenkunft der Lords und Commons ist die britische Legislative symbolisch in einem Raum versammelt.

Höhepunkt ist die Thronrede des Monarchen. Die bis dahin geheim gehaltene Rede – von der Regierungspartei im Unterhaus verfasst – enthält das Regierungsprogramm für das folgende Jahr. Nach dem Verlesen verlässt der Monarch die Lords Chamber, die Unterhausabgeordneten kehren in die Commons Chamber zurück. Während Ober- und Unterhaus die Rede debattieren, erreicht der Monarch den Buckingham Palast. Die Geisel wird auf freien Fuß gesetzt, die Vorstellung ist beendet.

Das besondere Interesse des Fürsten von Pückler-Muskau gilt jenen Debatten, die sich um das Gemeinwohl drehen. Anders als in Preußen, das von adligen Bürokraten „wie eine Kadettenschule" geführt wird, scheint es hier mehr auf *public spirit* als auf den Rang anzukommen. Als Hauptgrund für den hohen Wohlstand Englands sieht Pückler „die außerordentliche Ehrfurcht, welche sowohl die Gesetze selbst, als die Verwaltung für alles Eigentum an den Tag legen, worunter Grundeigentum immer das am gefährlichsten für den Staat zu verletzende bleibt. Dies wird auch von der Nation als ein so heiliges Recht angesehen, daß Operationen, wie Kontinentalmächte sie oft zum Besten ihrer Untertanen willkürlich vornehmen, Theorien, die das Eigentum einer Klasse in Anspruch nehmen, um eine andere besser zu stellen, dort ganz unausführbar sind. Daraus aber entsteht Sicherheit für Vornehme wie Geringe, und dieser folgt Wohlstand."*

Über der Politik hat der Glücksjäger seine Brautschau nicht vergessen. Allerdings fehlt es noch immer an Gelegenheiten, denn die elegante Gesellschaft überwintert auf ihren Landsitzen oder sucht Abwechslung im Seebad Brighton (Sussex). Der Tag des *fortune hunters* beginnt im Bett. Um seine

Sprachkenntnisse zu verbessern, müht er sich durch die Tagespresse oder studiert Mavor´s *English Spelling-book* (1801). Viel Zeit rauben die Toilettenkünste. Der *fashionable* Mann trägt das Haar über der Stirn gebauscht und den Backenbart gekräuselt. Alle paar Wochen steht das nicht ungefährliche (weil giftige) Färben der Haare an. Mitunter werden sie rot statt schwarz. Gelingt die Prozedur, glaubt Pückler im Spiegel einen attraktiven Mittzwanziger zu erblicken. Ab zwei Uhr nachmittags arbeitet er sein *visiting book* ab. Überliefert sind 1 400 Besuche in acht Monaten! Allerdings ist es nicht *fashionable* die Besuche über wenige Minuten auszudehnen. Bis zum Einbruch der Dämmerung reitet der Dandy spazieren, dann wird es Zeit, sich für den Abend herauszuputzen. Nach dem *dîner* erwarten ihn diverse Geselligkeiten – höflicherweise nur da, wo er besonders eingeladen ist. Alle Welt spricht auch hier, *tant bien que mal*, Französisch, aber es ist durchaus von Vorteil, wenn man Englisch spricht. Vor Mitternacht kehrt Pückler zurück, um Lucie alias »Julie« zu verkünden, London sei die teuerste Stadt der Welt! Mehr als 1,000 Pfund seien bereits ausgegeben, wenn es so weiterginge, würde er nach sechs Monaten zurückkehren müssen. Aber mindestens so viel Zeit sei notwendig, um Kontakte zu knüpfen und die Sprachprobleme zu überwinden. Wenn im Frühjahr die *season* beginne, wolle er bestens darauf vorbereitet sein. Gewinnt in Lucies Briefen die Schwermut die Oberhand, weiß Pückler ein Trostpflaster aufzulegen: *„In jedem Leben müssen Prüfungszeiten durchgelitten, und der bittere Kelch oft bis auf den letzten Tropfen geleert werden. Verklärt nur die Sonne den Abend, so wollen wir über die Mittagshitze nicht murren."*

Aus Muskau kommt der Hofgärtner Rehder. Mit ihm will der Fürst die Home Counties, Oxfordshire und die Midlands bereisen, bringe ein Aufenthalt von vierzehn Tagen in England einen guten Gärtner doch weiter als ein vierzehn Jahre dauerndes Selbststudium. Während die Reisekutsche mit einer Leselampe, einem klappbaren Schreibtisch und einer kohlebeheizten Wärmepfanne komplettiert wird, inspizieren die beiden Parkomanen Syon House (Hounslow), Wimbledon Park und Kew Gardens. Die unbelaubten Bäume verraten die Dramaturgie der Anlagen und geben den Blick auf die Architekturen frei. Nach dem Beispiel von Syon Park werden später drei Schwarzpappeln auf die Schlosswiese von Muskau gepflanzt. Von 1828 bis 1830 entsteht auf Syon Hill aus Glas und Stahl ein fantasievolles *greenhouse* – das Vorbild für den Kristallpalast der ersten Weltausstellung 1851 in London.

Am ersten Weihnachtstag geht es auf Parkjagd ins Landesinnere. Der Regen kann die Laune nicht verderben und auf den *turnpike roads* lässt sich schnell vorankommen: 8 Meilen pro Stunde (etwa 13 Kilometer) sind in England bereits möglich. Nach 12 Meilen wird Stanmore Park (Middlesex) erreicht, von dort rollt die Kutsche zum benachbarten Bentley Priory und weiter nach Ashridge Park (Hertfordshire), einen der großartigsten Landsitze des Regency. Farbe und Form der Blumengärten kennt Pückler aus Humphry Reptons Grundlagenwerk *Fragments on the Theory and Practice of Landscape Gardening* (1816), sie finden sich bereits in Muskau wieder. Dagegen wird die neogotische Klosterarchitektur als *„überladen und geschmacklos"* abgelehnt.

Als herausragendes Beispiel der Kunst Humphry Reptons gilt Woburn Abbey (Bedforshire), der Landsitz der Herzöge von Bedford. Die Anlage entspricht sowohl dem Bedürfnis nach malerischer Inszenierung der Natur als auch dem Interesse an exotischen Pflanzen. Das im neopalladianischen Stil erbaute Schloss findet Pücklers Gefallen. Die Statuengalerie, darunter *„eine herrliche Gruppe"* von der Hand Canovas, dient als Anregung für die sogenannte »italienische Mauer« in Branitz.

Von unterwegs schreibt Pückler seiner »geliebten Freundin«: *„Wir haben die Berechnung gemacht, daß wenn Du mit uns wärest – ein Wunsch, der Deinen treuen Dienern stets gegenwärtig ist – Du täglich, vermöge Deiner Abneigung gegen Fußbewegungen, höchstens ¼ Park sehen könntest, und wenigstens 170 Jahre brauchen müßtest, um alle Parks in England zu besichtigen."*

Von Woburn Abbey geht es 60 Meilen nordwestwärts. *„Theure Julie! Beim Himmel!"*, eröffnet Pückler seinen Brief am 28. Dezember 1827, *„diesmal erst bin ich von wahrem und ungemeßnem Enthusiasmus erfüllt. Was ich früher beschrieben, war eine lachende Natur, verbunden mit allem, was Kunst und Geld hervorbringen können. Ich verließ es mit Wohlgefallen, und obgleich ich schon Aehnliches gesehen, ja selbst besitze, nicht ohne Verwunderung. Was ich aber heute sah, war mehr als dieses, es war ein Zauberort, in das reizendste Gewand der Poesie gehüllt, und von aller Majestät der Geschichte umgeben, dessen Anblick mich noch immer mit freudigem Staunen erfüllt. – Du erfahrne Historienkennerin und Memoirenleserin weißt besser als ich, daß die Grafen von Warwick einst die mächtigsten Va-*

sallen Englands waren, und der große Beauchamp, Graf von Warwick, sich rühmte, drei Könige entthront, und eben so viele auf den leeren Thron gesetzt zu haben.

Die Höhe und Schönheit der Bäume, wie die Ueppigkeit der Vegetation und des Rasens kann nirgends übertroffen werden, während eine Menge riesenmäßiger Zedern (vom Libanon genannt), und die sich jeden Augenblick neu gestaltenden Ansichten der majestätischen Burg – in deren hohen Zinnen transparente Kreuzesformen, den Lichtstrahlen ein immer wechselndes Spiel gewähren – einen solchen Zauber über das Ganze webten, daß ich mich nur mit Gewalt davon losreißen konnte. Wir gingen bis zum anbrechenden Mondschein, der alles noch gigantischer erscheinen ließ, in den dunkelnden Gängen umher, und konnten deßhalb nur bei Laternenlicht die berühmte colossale Warwick-Vase, welche mehrere hundert Gallonen [à 4,5 Liter] Wasser enthalten kann, und mit der schönsten Arbeit geziert ist, so wie die Alterthümer besehen, welche in der Loge des Pförtners aufbewahrt werden."

Eine Kopie der »Warwick-Vase« – *„von derselben Größe wie das Original, in Bronze gegossen, welche 4,000 L. St. kostete"* – sieht Pückler in Birmingham. Im Jahre 1850 lässt er eine Miniaturausgabe im Park von Branitz aufstellen, auf dem Grab seiner geliebten Nini. Die Neufundländer Dogge verehrt er als *„das sanfteste weibliche Wesen"*, dem er auf seiner Lebensreise begegnet sei.

Auf dem Weg nach Chester werden *„die Gasthöfe weniger vorzüglich, die Postpferde schlechter und die Postillions schmutziger, die Kleidung der Leute überhaupt unansehnlicher und das vielfach sich drängende Leben einsamer"*. Pückler warnt, wegen fehlender Konkurrenz sei mit Prellereien zu rechnen!

Das neue Jahr zeigt sich in noch ungünstigerem Wetter als das Ende des alten. Auch der nordöstlich von Chester gelegene Park von Eaton Hall (Cheshire) kann die Hoffnungen nicht erfüllen.

„Eine Menge affreuse gotische Tempelchen verunstalten den pleasure ground, der überdies, so wie der Park, keine schönen Bäume hat, indem der Boden ungünstig ist, und die Anlage überall nicht alt zu seyn scheint. Die Gegend ist indeß recht leidlich, obwohl nicht sehr pittoresk, und zu flach."

Welche Unsummen müssen hier verschwendet worden sein …

Am 2. Januar 1827 geht die Tour südwärts nach Hawkstone Park (Shropshire). Die »geliebte Freundin« erfährt, der 40 Hektar große Park überrage an Idylle alles bisher Gesehene: *„Wirf also Deine Geistesaugen auf einen Erdfleck von solchem Umfang, daß Du von dem höchsten Punkt darin, rund umher den Blick über 15 verschiedene Grafschaften schweifen lassen kannst. Drei Seiten dieses weiten Panoramas heben und senken sich in steter Abwechselung mannigfacher Hügel und niedriger Bergrücken, gleich den Wogen der bewegten See, und werden am Horizont von den höchst seltsam geformten, zackigen Felsen und hohen Gebürgen von Wales umgeben, die sich auf ihren beiden Enden sanft nach der vierten Seite der Aussicht, einer fruchtbaren, von Tausenden hoher Bäume beschatteten Ebene abdachen, welche in dämmernder Ferne, da, wo sie mit dem Himmelsgewölke zusammenfließt, von einem weißen Nebelstreife, dem Meere, begrenzt wird."*

Am Ende der Promenade befindet sich eine Höhle, in der ein Automat – eine alberne Darstellung eines Neptun aus Sandstein – den Einsiedler ersetzt und auf Knopfdruck ein Gedicht hersagt. Zu feierlichen Anlässen können gleich mehrere Spielzeugkanonen ausgelöst werden. Diese *„Afterkunst"* wie auch die verfallenen Wege sind aber *„nur kleine Mängel eines erhabenen, und in aller Abwechselung natürlicher Schönheit, wunderbar glänzenden Ganzen".*

Darüber ist es völlig und ernsthaft Winter geworden, die Wege sind mit Eis und sechs Zoll (etwa 15 Zentimeter) Schnee bedeckt. Der Fürst und sein Hofgärtner nehmen Quartier im Hawkstone Inn and Hotel. Für zwei Tage ruht die Parkomanie. Statt Gärten werden nun die *factoreys* im 40 Meilen entfernten Birmingham besichtigt. Pückler glaubt seinen Augen nicht zu trauen, denn an sämtlichen Maschinen fehlen die Schutzvorrichtungen! *„Wehe denen, die den Dampf und andern Maschinen mit ihren Röcken zu nahe kommen. Schon mehrere faßte diese unerbittliche Macht, und zerquetschte sie, wie die grausame Boa ihre hülflose Beute."* Die Luft, die *„die armen Arbeiter"* während des Vierzehnstundentages einatmen, sei *„so ungesund wie in den Bleiwerken von Sibirien".* Pücklers Resümee: *„Es hat alles seine Schattenseite, auch diese hochgesteigerte Industrie, doch ist sie deshalb nicht zu verwerfen.*

Hat doch selbst die Tugend ihre Nachteile, wo sie im geringsten das Maß überschreitet, und dagegen das Schlimmste, ja das Laster nicht ausgenommen, seine lichteren Stellen."

Am nächsten Tag steht Stratford-upon-Avon (Warwickshire), der Geburtsort William Shakespeares, auf dem Plan. *„Es ist ein tief ergreifendes Gefühl, die unbedeutenden Gegenstände zu sehen, die vor Jahrhunderten mit einem so großen und geliebten Manne in unmittelbarer und häuslicher Berührung standen, und gleich darauf den Ort, wo längst seine Gebeine vermodern – und so in wenig Augenblicken von seiner Wiege den langen Weg bis zu dem seines Grabes zurückzulegen. – Das Haus, in dem er geboren ist, so wie die Stube selbst, in der dies große Ereigniß vor sich ging, stehen noch fast unverändert da. Die Stube gleicht vollkommen einer geringen Bürgerstube, wie sie in unsern kleinen Städten zu seyn pflegen, ganz der Zeit angemessen, wo England auf derselben Stufe der Cultur stand, die bei uns der gemeine Mann noch jetzt einnimmt. Millionen Namen, von Königen und Bettlern hingeschrieben, bedecken die Wände des kleinen Zimmers, und obgleich ich dieses Anhängen an fremde Größe, wie Ungeziefer an Marmorpalästen klebt, nicht besonders liebe, so konnte ich doch hier dem Drange nicht widerstehen, auch meinen Namen mit einer tiefen Empfindung von Dankbarkeit und Ehrfurcht den übrigen beizugesellen."* Das heißt, auch im vermeintlichen Geburtshaus Shakespeares hinterlässt Pückler sein Graffito.

Am 7. Januar, auf dem Weg nach Oxford (Oxfordshire), werden mehr als 200 Meilen zurückgelegt und trotz dichten Nebels vier Landschaftsgärten durchjagt: Eastrop, Ditchley, Blandford und Blenheim Park. *„Man muß [Lancelot Capability] Browns großartiges Genie bewundern, wenn man diese Anlagen durchwandert. Es ist der Garten-Shakespeare Englands. Dabei sind seine Pflanzungen so wunderbar groß geworden, daß wir, unter andern, einen einzigen Strauch portugiesischen Lorbeers auf dem Rasen fanden, der mit seiner dichten Masse 200 Fuß im Umfang erreichte!"* Rehder ist so begeistert, dass er in der Kopie des antiken Messerschärfers (3. Jh. v. Chr.) ein Denkmal für den genialen Gartenarchitekten sieht.

Das Schloss von Blenheim (in dem 1874 Winston Churchill geboren wird) macht *„wegen der üblen ökonomischen Lage des Besitzers"* einen recht verfallenen Eindruck, überrascht aber mit einer großen Bibliothek und kostbarer Innenausstattung. Ausgenommen das im Schlafzimmer hängende *„widerlich* *schauerliche Bild"* eines grünlichen Leichnams: „Senecas Hinrichtung im Bade." Das Bild erinnert an Tacitus´ Bericht von der Selbsttötung des Universalgelehrten: Nach dem Öffnen von Pulsadern und Beinarterien habe Senaca einen Schierlingsbecher getrunken, schließlich sei er in seinem Dampfbad erstickt.

Bei Nacht und Nebel, mit Eindrücken *„wie die Biene voll"*, erreichen die Parkjäger die Universitätsstadt Oxford, deren neogotische Architekturen und dekorativen Tudor-Schornsteine einen nachhaltigen Eindruck hinterlassen. Pückler steigt im Stern ab – einem der komfortablen Gasthöfe. Ein Fest für alle Sinne ist der englische Frühstückstisch: In der Mitte dampft eine große Teemaschine, umstellt von einer silbernen Teekanne, einem ebensolchen Milchtopf und Spülnapf. Die Tassen sind von schönem Porzellan, Messer und Gabeln ruhen auf kleinen Wedgwood-Tellern. Gekochte Eier und geröstete Schweinsohren laden zum Zugreifen ein. Eine Schüssel bietet warme Muffins, eine andere kalten Schinken und flockiges Weißbrot. Geröstete Toastscheiben warten auf frische Butter und *marmalade*. Eine Menage mit Salz und Pfeffer, englischem und französischem Senf rundet das herrliche Bild ab … Weniger verführerisch sind die warmen Mahlzeiten, die in England unabänderlich aus Hammelkoteletts oder schlecht gebratenem Huhn, nur selten aus Wild bestehen. Nicht so im Stern: Das *dîner* ist vortrefflich, kommt es doch von einem virtuosen französischen Koch. Und für die Kochkunst sowie einen guten Bordeaux hegt der Gourmet Pückler keine geringe Verehrung.

Es ist der Romancier Theodor Fontane, der der „kulinarischen Persönlichkeit Pückler-Muskau" ein Denkmal setzt. In seinem Roman Frau Jenny Treibel oder Wo sich Herz zum Herzen find't (1893) lenkt der emeritierte Gymnasialdirektor Distelkamp das Gespräch vom allgemein Kulinarischen auf den Freiherrn von Rumohr und den ihm persönlich bekannten Fürsten von Pückler-Muskau über: „Wenn man dermaleinst das Wesen des modernen Aristokratismus an einer historischen Figur werde nachweisen wollen, so werde man immer den Fürsten Pückler als Musterbeispiel nehmen müssen. Dabei sei er durchaus liebenswürdig gewesen, allerdings etwas launenhaft, eitel und übermütig, aber immer grundgut. Es sei schade, dass solche Figuren ausstürben ..."

Feinschmeckerei gilt im 19. Jahrhundert als wichtige gesellschaftliche Bande. Höhepunkt eines jeden Tafelvergnügens ist das Dessert. 1839 kreiert der Königlich-Preußische Hofkoch Louis Ferdinand Jungius das nach dem Fürsten benannte »demi-glace à la Pückler«. Bis heute erhalten geblieben sind fünf Tafelbücher Pücklers, akribisch geführt von seinen Sekretären Wilhelm (Billy) Heinrich Masser und Albert Bidault. Die Aufzeichnungen abendlicher Dîners und gelegentlicher Déjeuners beginnen am 5. August 1854 mit dem Besuch des preußischen Königs Friedrich Wilhelm IV. – Zehn Jahre später, am 25. Juli 1864, reist Königin Augusta, Ehefrau Wilhelms I., von Babelsberg nach Branitz und schwärmt von dem „besten Dîner seit langem". Des Herrn von Pückler-Muskaus Tafelbücher enden am 26. Dezember 1870. Für die Nachwelt dokumentiert sind etwa 3 500 originelle Speisefolgen und erlesene Getränke. Allerdings bot die Branitzer Küche neben Exotischem auch Schlichtes. Zu Pücklers Leib- und Magengerichten gehörten Bratkartoffeln ...

Nach soviel Kulinarik geht es hinauf nach Stowe House (Buckingham), einen der frühen englischen Landschaftsgärten. Gartenkünstler wie William Kent und Lancelot Capability Brown haben auch hier ihre Handschrift hinterlassen. Nach vier Wochen hat sich der Hofgärtner Rehder an Sichtachsen, Wiesen und Wasserflächen satt gesehen und will nur noch eins – nach Hause. Am 19. Januar 1827 begibt er sich via Harwich auf die Rückreise. Das Deutsche Meer (Nordsee) ist launisch, Rehder erleidet Schiffbruch, wird vom Sturm zurückgetrieben und schwebt *„im Eise bei Harwich"* eine ganze Nacht in Lebensgefahr. Der Ärmste wird gerettet, versucht sein Glück erneut – und scheitert wieder. Erst nach vier Monaten erreicht der *„Garten-Odysseus"* die Oberlausitz und kann der Fürstin Bericht erstatten. Pückler sendet Instruktionen nach und hofft auf die Umsetzung der hie und da erhaltenen Anregungen. Was den Muskauer Park bereits von den oft weiten Anlagen Englands unterscheide, sei seine romantische Erhabenheit. Die »Schnucke« lässt ihren nicht ganz schwindelfreien »Lou« zwanzig Tage auf Antwort warten.

Der Fürst folgt einer Einladung nach C... Hall, einen östlich von London gelegenen Landsitz. Der von Gicht geplagte Lord D... besitzt eine sehr reiche Gemäldegalerie, die sogar mit einer Kopie von Tizians Venus aufwarten kann.

Die Bibliothek bietet Gelegenheit für *rendez-vous* mit literarisch gesinnten jungen Damen. Mancher Moderoman – wie zufällig aufgeschlagen – hat sich schon als nützliches *„Bindemittel"* erwiesen.

„Um 10 oder 11 Uhr ist die Stunde des Frühstücks, bei dem man im größten négligé erscheinen darf. Daß dabei ein halb Dutzend Zeitungen auf dem Tisch liegen muß, in denen jeder liest, wie es ihm gefällt, versteht sich von selbst. Die Herren gehen nun entweder auf die Jagd oder andern Geschäften nach, der Wirt desgleichen, ohne sich im Geringsten weiter um die Gäste zu bekümmern (eine wahre Wohltat!), und erst eine halbe Stunde vor Tisch, findet man sich abends in eleganter Toilette im Salon wieder zusammen. Nach Mitternacht, und nachdem vorher noch gewöhnlich ein leichtes souper, aus Früchten und kalten Speisen bestehend, serviert worden ist, wobei sich jeder selbst bedient, retiriert man sich. Zu diesem Behufe stehen auf einem Seitentische eine Quantität kleiner Handleuchter parat, von denen sich jeder den seinigen anzündet, und damit selbst hinaufleuchtet, denn der größte Teil der Dienerschaft, welcher früher aufstehen muß, ist darum billigerweise schon längst zur Ruhe. Das ewige Sitzen der Bedienten im Vorzimmer ist hier nicht Mode, und außer den bestimmten Zeiten, wo man ihrer Hilfe gewärtig ist, sieht man sie wenig, und bedient sich selbst. Für die Nacht erwartete mich [...] ein vortreffliches altes chinesisches Himmelbett, groß genug, um als Sultan mit sechs Weibern in seinem weiten Raume schlafen zu können, aber allein fror ich bei der großen Kälte darin wie ein Eiszapfen, ehe die eigene Wärme durchdrang, denn der entfernte Kamin gab keine."

Obwohl Cobham Hall der Ort ist, von dem Humphry Repton sagte, er habe vierzig Jahre an dessen Verschönerung mitgearbeitet, schöpft Pückler die Einladung Lord Darnleys nicht ganz aus. Nach vier Tagen eilt er dem Seebad Brighton entgegen, wo ihn weder Baum noch Strauch, aber angenehmere Temperaturen erwarten.

Nachdem der Prinzregent Georg, der nachmalige König Georg IV., das Fischerdorf zur Sommerresidenz erkoren hatte, avancierte Brighton zum Modeort der eleganten Gesellschaft.

„Mode hat es besonders der König gemacht", erklärt Pückler, *„der es einst sehr liebte, und einen abenteuerlichen, orientalischen Palast hier gebaut hat, der mit allen seinen Kuppeln und deren Aufsätzen von den nahen Höhen ge-*

sehen, vollkommen einem aufgestellten Schachspiel gleicht, inwendig aber sehr prächtig, wenngleich auch phantastisch meubliert ist." Einer der Architekten dieses am *Indian Palace Style* orientierten Prachtbaus war wiederum John Nash.

Im Royal Pavilion veranstaltete Georg IV. ausschweifende Bälle und Banketts, zu denen er namhafte Köche wie Marie-Antoine Carême engagierte. Krönung der mehr als hundert Einzelgerichte, die der Monarch gern mit mehreren Flaschen Wein oder Bier korrespondieren ließ, bildete eine ein Meter hohe türkische Marzipan-Moschee. Im Jahre 1827 kehrte der vielkarikierte König dem Seebad den Rücken und zog sich nach Windsor Castle zurück. Erst Königin Victoria nutzte den Pavillon wieder als Sommerresidenz. Nach 1845 stand er einsam und verlassen wie ein white elephant, das heißt, er verursachte mehr Kosten als Nutzen. Der Pavillon wurde Museum und Event Hall, namhafte Schriftsteller wie William Makepeace Thackeray und Oscar Wilde lasen dort aus ihren Werken. Während des ersten Weltkriegs diente das Gebäude als Lazarett für indische Soldaten. Heute lädt der Tearoom des Royal Pavilion zu Nachmittagstee mit scones, clotted cream und jam.

Abb. 8 Royal Pavilion – from John Nash's Views of the Royal Pavilion (1826)

Im Winter kommt nach Brighton, wer keinen eigenen Landsitz hat und Zerstreuung an frischer Luft sucht. Pückler bezieht ein Zimmer im strandnahen Hotel Royal York, flaniert auf dem Quai, macht Visiten oder unternimmt Ausflüge zu Pferde. *„Nicht weit von Brighton hat ein Inder orientalische Bäder angelegt, wo man wie in der Türkei massiert wird, was sehr stärkend und gesund sein soll – auch bei der vornehmen Welt, besonders den Damen, sehr beliebt ist. Man nennt sie Mahomets Bäder."* Wasser und Seife zählen bei den Engländerinnen längst zum täglichen Ritual. Makellos weiße Haut ist *fashionable.*

Im Gegensatz zu Mahomets Bädern erreicht die Temperatur in den *„luftigen und fensterreichen"* Hotelzimmern maximal 46 Grad Fahrenheit (etwa 8 Grad Celsius). Zum Schreiben benötigt Pückler einen zweiten Schlafrock und Handschuhe. Wie sein Idol Lord Byron will auch er seine zarten Hände – *„das wenige Hübsche, was einem der liebe Gott gegeben hat"* – gegen Kälte und Licht *„konservieren".*

Erwärmung garantieren nächtliche Privatbälle. *„Und das in so kleinen Quartieren, daß ein ehrlicher deutscher Bürger nicht wagen wurde, zwölf Personen dahin einzuladen, wo man hier einige hundert, wie Negersklaven, zusammendrängt. Es ist noch ärger wie in London, und der Raum für die contre-danse gewährt nur eben die mathematische Möglichkeit, tanzähnliche Demonstrationen anzudeuten."* Pückler bleibt nicht selten bis vier Uhr morgens, um die ausnehmend hübschen und wohlerzogenen Töchter des Hauses besser in Augenschein nehmen zu können. Wenn man ihn *„quält"* zu tanzen (ein Deutscher, der nicht walzt, scheint den Ladys unbegreiflich), gibt er vor, an ein zärtliches Gelübde gebunden zu sein ...

Während Lucie klagt, in Muskau stürme es und den Gewässern drohe Verderben, auch für das Hermannsbad seien weder Arzt noch Koch gefunden, verschwendet Pückler mit all den Bällen, *dîners* und *soirées* kostbare Zeit. Da keine der Schönen über die erhoffte Mitgift verfügt, kehrt er nach zwei Wochen nach London zurück. Nach Ostern beginnt dort die *season.*

Väter werden aus ihrer ländlichen Idylle gerissen, um ihre Töchter noblen Erstgeborenen vorzustellen. Mütter lassen ihre blühenden Gärten im Stich, um die Söhne wohlhabenden Damen zuzuführen. Dandys *cruisen* in Cabriolets umher und übertreffen sich in der Exklusivität ihrer Garderobe. Das weibliche Geschlecht scheint weniger interessant – *„nirgends begegnet der Liebhaber des »Mittelalters« mehr konservierten Frauen »fat, fair and forty« als in der englischen Gesellschaft"* – wichtig ist der *sport*. Um bei diesem Zeitvertreib eine Rolle zu spielen, lässt Pückler gleich bei mehreren Schneidern arbeiten: eine dunkelbraune Jacke mit Samtkragen, eine weiße Krawatte, eine rote Weste mit Revers und goldenen Sternen sowie heraushängender Uhrkette, eine Unterweste aus weißem Satin mit goldenem Blumenmuster bedruckt, schwarze Hosen und Strümpfe. Dazu trägt man eckige Lederschuhe.

Fehlt nur ein eleganter Einspänner mit dem fürstlichen Wappen, davor ein Grauschimmel in passendem Ledergeschirr.

Eine *fashionable* Wäscherin klärt darüber auf, was ein echter Dandy wöchentlich benötige: *„20 Hemden, 24 Schnupftücher, 9 bis 10 Sommertrousers, 30 Halstücher, wenn er nicht schwarze trägt, ein Dutzend Westen, und Strümpfe à discrétion."* Drei bis vier Toiletten täglich seien üblich: zum Frühstück chinesischer Schlafrock und indische Pantoffeln, zum Reiten *frock-coat*, Stiefel und Sporen, zum *dinner* Frack und Schuhe, zum Ball *pumps* (frisch lackierte Schuhe, so leicht wie Papier). Modisches Auftreten ist hier keine Lust, sondern eine Last.

Am glücklichsten und achtungswürdigsten scheint Pückler die wohlhabende *middle class*. Deren Politik beschränke sich nur auf das Gedeihen ihrer Provinz, auch herrschten ziemlich gleiche Ansichten und Grundsätze. *„Diese unmodische Klasse allein ist auch wahrhaft gastfrei und kennt keinen Dünkel. Sie recherchiert den Fremden nicht, aber kommt er in ihren Weg, so behandelt sie ihn freundlich und mit Teilnahme. Ihr eignes Vaterland liebt sie leidenschaftlich, aber ohne zu persönliches Interesse, ohne Hoffnung auf Sinecuren, und ohne Intrige. Diese Art Leute sind zwar auch manchmal lächerlich, aber immer achtungswert, und ihr National-Egoismus in billigere Schranken gebannt."*

Um gegen die konkurrierenden Blätter bestehen zu können, setzt die Presse auf Voyeurismus. Aus der Kolumne *Fashionable Movements* erfährt der Glücksjäger, dass man seine elegante Erscheinung endlich zu würdigen weiß. Eine Zeitung trumpft mit der Nachricht auf, *„Prince Puckler Muskan, der mit der Tochter des verstorbenen Fürsten von Hardenberg verheiratet war, hat sich scheiden lassen, um die Witwe des Königs Christopher von Haiti,* *eine Negerin, zu heiraten.“* Eine anderes Blatt weiß zu berichten, der Fürst bemühte sich um eine schwarze Kaiserwitwe, die unglaubliche Reichtümer besäße. Anders als in Deutschland bewirken solche Meldungen allenfalls Schadenfreude und geraten schnell wieder in Vergessenheit. Pückler ist ziemlich egal, *was* die Leute sagen, Hauptsache, sie *sagen* etwas über ihn. Aber er muss sich beeilen: Im Sommer, wenn die Londoner Luft unerträglich wird, geht die *season* zu Ende.

Inzwischen sind vier Kandidatinnen nominiert: Mary Gibbings, die hübsche Tochter eines Arztes und Apothekers, mit 50,000 Pfund (etwa 59.000 Euro). Eine Kaufmannstocher, sehr schön und freundlich, aber dumm mit 40,000 Pfund. Georgina Elphinstone, eine Admiralstochter, klein und hässlich, doch von Adel mit 100,000 Pfund. Harriet Kinloch, die sanfte und kluge Tochter eines Baronets, mit lediglich 25,000 Pfund. Keine der Kandidatinnen entspricht Pücklers Kriterien. Mit der Apothekerstochter kann er sich zu Hause nicht sehen lassen, und die Kaufmannstochter muss das Erbe mit ihren Schwestern teilen. So hält er sich lieber an Georgina Elphinstone.

Der Karikaturist William Heath stellte sich vor, wie die Kleine errötet, als ihr backenbärtiger Kavalier sie artig zum Tanz auffordert. (Wie seinerzeit Lord Byron verabscheut auch Fürst Pückler das Tanzen.) Georginas Mutter, behängt mit teurem Schmuck und einer großen Taschenuhr, beobachtet die Werbung mit Wohlwollen, während den Außenseiterinnen der Zorn ins Gesicht geschrieben steht.

Über einen Sonntag im Mai weiß Pückler zu berichten: „*Ein Concert bei Gräfin A… war sehr besucht. Galli und Madame Pasta, die vor kurzem angekommen sind, und die Oper sehr heben werden, sangen darin. Die Zimmer waren gepfropft voll, und mehrere junge Herren lagen auf dem Teppich zu den Füßen ihrer Damen, den Kopf bequem an die Sophakissen gelehnt, die den Schönen zum Sitze dienten. Diese türkische Mode ist wirklich recht bequem, und es wundert mich ungemein, daß sie C. in Berlin noch nicht eingeführt, und sich einmal bei Hof zu den Füßen einer der Hofdamen hingelagert hat. Man würde vom englischen Gesandten dies gewiß sehr »charmant« wie die Berliner sagen, gefunden haben.“*

Mit den poetischen Zeilen „*Ich will den Nachhall jener Sphärenmusik mit in meine Träume hinübernehmen, und auf ihren Fittigen mit Dir, meine Julie, eine verklärte Nachtreise antreten. Are You ready? Now we fly …*", schwebt »der treue Lou« zu Bett.

Weil er zu stolz ist, sich den Neureichen zu Füßen zu legen, gilt der Fremde als hochmütig und arrogant. Die Zeitungen behaupten, der Titel sei erfunden und verpassen ihm *nicknames* wie »Prince Pickle and Mustard« oder einfach nur »Prince Pickle«. Zu dem schwarzen Humor der Presse gesellt sich Pech im Spiel. Obendrein verschwendet Pückler Geld für Frauen, statt deren Vermögen heimzubringen. Freizügig verrät er Lucie, die *fashionables* hätten London wieder verlassen, weshalb nun vornehmlich Ausländer den „*gemeinen Mädchen*" in die Hände fielen. Eine Siebzehnjährige wäre bereit gewesen, seine Wünsche zu erfüllen. „*So ließ ich sie im behaglich warmen Boudoir ganz nackt ausziehen, und alle Stellungen annehmen die ich mich von berühmten Statuen und Gemälden erinnerte. Besonders gelang die Darstellung der Venus von Titian, die vollüstig auf einem Ruhebette liegt und mit der rechten Hand einem süßen Traum nachzuhelfen zu wollen scheint. Ich habe in meinem Leben nichts Schöneres gesehen als diese Creatur in der vorteilhaftesten Beleuchtung des Kaminfeuers, durch einen halb vorgezogenen Vorhang gedämpft. Sie war weiß wie Schnee über den ganzen Körper ohne ein Fleckchen.*" Dass Tizians „Venus von Urbino" (1538) ihre Scham mit der linken Hand berührt, ist der »Schnucke« ziemlich egal. Doch für die schamlose Bemerkung, er habe die Schöne „*gleich zweimal genommen*", muss sich ihr »Lou« nachträglich entschuldigen.

Mitte der 1820er Jahre hat Berlin knapp 200 000 Einwohner, London bereits 1,6 Millionen. Der unbürokratische Ausbau der Infrastruktur, die niedrigen Zinsen und spürbare Steuererleichterungen befördern die Konjunktur. Die Hitze, die sich wie eine Glocke über die pulsierende Stadt legt und den englischen Rasen verbrennt, kann Pückler nicht davon abhalten *shopping* zu gehen. „*Wer die Mährchen von Tausend und Einer Nacht gelesen hat – und wer hätte die lieblichen Morgenträume südlicher Phantasie nicht gelesen? – der wird die Reihen schöner, reicher Kaufläden in London nicht ansehen können, ohne der Bazaars der Araber zu gedenken, in denen liebliche Unbekannte, das Antlitz von goldenen Schleiern verhüllt, auf- und niederwandeln, sich nach dem Geliebten umsehend oder ihn heimlich herbeiwinken.*"

Widerstehen könne nur, wer mehr Verstand als Geld habe, schreibt Pückler. Da Geschenke die Freundschaft erhalten, kauft er einen jungen Blenheim Spaniel für Lucie, überdies Kakadus und Papageien, Affen und Pferde, persische Teppiche und Chinoiserien, Schmuck und Accessoires …

Gern flaniert er durch die Stadt oder besichtigt Ausstellungen wie im Montagu House, Great Russell Street oder die Exeter-Change-Menagerie, Strand. Mit großem Interesse besucht er die Barclay'sche Brauerei (Southwalk). *„Hier werden täglich 12–1500 Fässer, d. h. gegen 20 000 große Quart Bier, gebraut"*, erfährt Lucie. *„Alles wird durch Maschinen bewegt, aber eine einzige Dampfmaschine treibt diese, und zugleich die Flüssigkeit durch alle Instanzen in kupfernen Röhren hin, die, beiläufig gesagt, das Bier eben nicht zum gesündesten machen mögen. In vier Kesseln wird es gekocht, deren jeder 300 Fässer und darüber faßt. [...] Zuletzt fließt das fertige Getränk in haushohe Faßbehälter, deren es unter gigantischen Schuppen 99 gibt. Nichts ist sonderbarer, als sich ein solches Haus, das 600 000 Quart enthält, anzapfen zu lassen, um ein kleines Glas vortrefflichen Porters zu schöpfen, der sich so kalt wie Eis darin erhält. Diese Fässer sind oben mit einem kleinen Hügel frischen Sandes belegt, und konservieren das Bier ein Jahr lang frisch und gut. Dann erst wird es auf kleine Fässer gezogen und an die Käufer versendet. [...] Hundertundfünfzig elephantenartige Karrenpferde sind täglich mit dem Verfahren des Biers in der Stadt beschäftigt ...“*

Auch im heimatlichen Muskau wird Bier gebraut. Bereits 1818 hat der junge Standesherr eine große Brauerei errichten lassen, die Vorläuferin der späteren Parkbrauerei. Zur Sicherung des Reinheitsgebotes ist ein Braumeister aus Bayern geholt worden. Die in Muskau produzierten Biere werden bis nach Berlin geliefert. Rahel Varnhagen von Ense schätzt das reine Muskauer Lagerbier, das sie zur Hälfte mit Wasser verdünnt: „Magentropfen sind nicht heilsamer.“

Ab 1840 wird nach Plänen des preußischen Architekten Ludwig Persius (1803–1845) und in moderner Ziegelbauweise die Pücklersche Brauerei errichtet. Das alte Muskauer Brauhaus wird unter Aufsicht Gottfried Sempers zu einer Orangerie umgebaut.

Abb. 9 Brewery – Barclay, Perkins & Co. Ltd. (1890)

Zurück nach London: Vor der parlamentarischen Pause verfolgt der Fürst weitere Debatten und zieht Vergleiche zu Preußen: Wie viel besser wäre es, wenn man die herrschende Klasse auch dort mit konstitutionellen Privilegien ausstattete, die Steuerlast verringerte und die Gesetze vereinfachte? Nach dem Vorbild Englands könnte die preußische Erbmonarchie reformiert werden. Natürlich unter Wahrung der Herrschaft des Adels, aber ohne Hofschranzen und deren Lakaien.

In sein Tagebuch schreibt er: *„Ein Hauptgrund des hohen Wohlstandes Englands ist aber, alles übrige abgerechnet, wohl vor allem: die außerordentliche Ehrfurcht, welche sowohl die Gesetze selbst, als die Verwaltung für alles Eigentum an den Tag legen, worunter Grundeigentum immer das am gefährlichsten für den Staat zu verletzende bleibt. Dies wird auch von der Nation als ein so heiliges Recht angesehen, daß Operationen, wie Kontinentalmächte sie oft zum Besten ihrer Untertanen willkürlich vornehmen, Theorien, die das Eigentum einer Klasse in Anspruch nehmen, um eine andere besser zu stellen, dort ganz unausführbar sind. Daraus aber entsteht Sicherheit für Vornehme wie Geringe, und dieser folgt Wohlstand."*

Dennoch bleibt das wohlhabende Bürgertum von der politischen Macht ausgeschlossen. Grund ist das veraltete Wahlsystem: Das Bürgertum kann keine Abgeordneten entsenden, weil sich das Unterhaus in der Hand der Grundbesitzer befindet. Erste Reformversuche erfolgen nach der Julirevolution 1830 in Frankreich.

Die großen Industriezentren dürfen Abgeordnete entsenden, der Wahlzensus wird herabgesetzt, die Zahl der Wähler wächst auf 220 000. Der Arbeiterschaft wird das Wahlrecht weiterhin vorenthalten.

Am 20. August 1827 erhält der Fürst die Erlaubnis, mit zwei Arbeitern auf den Grund der Themse hinabzufahren und für eine halbe Stunde deren Reparaturarbeiten zu verfolgen. Der Tunnel unter der Themse verbindet den südlich des Flusses gelegenen Stadtteil Rotherhithe (Southwark) mit Wapping (Tower Hamlets). Ursprünglich auch für Pferdekutschen gedacht wird seine Breite auf etwa 10 Meter ausgebaut, die Länge soll einmal 366 Meter betragen. Zum Preis von 1 Schilling (12 Pence) erlaubt die Tunnelgesellschaft die Baustelle zu besichtigen. Ist der Tunnel überflutet, was durchaus häufiger vorkommt, wird von einem Schiff aus eine Taucherglocke hinabgesenkt, um das im Flussbett entstandene Loch mit lehmgefüllten Säcken zu stopfen.

„Einen ziemlich starken Schmerz in den Ohren abgerechnet, aus denen sogar bei manchen Menschen Blut fließt, ohne jedoch nachher der Gesundheit zu schaden, fand ich es, je tiefer wir sanken, desto behaglicher in dem metallenen Kasten, der oben dicke Glasfenster hat, neben welchen zwei Schläuche ausgehen, die frische Luft ein- und die verdorbene auslassen. Dieses Behältniß hat keinen Boden, sondern nur ein schmales Brett, um die Beine darauf zu stellen, nebst zwei festen Bänken an den Seiten. Einige Grubenlichter geben die nöthige Helle. Die Arbeiter hatten herrliche Wasserstiefeln, welche 24 Stunden lang der Nässe widerstehen, und es belustigte mich, die Adresse des Verfertigers derselben hier bei den Fischen, auf des Stromes tiefunterstem Grunde in mein Portefeuille zu schreiben", weiß Pückler seiner »lieben Getreuen« zu berichten.

Hat er tagsüber dem Element Wasser glücklich widerstanden, droht er am Abend ein Opfer des Feuers zu werden. Ein herabgebranntes Kerzenlicht entzündet auf dem Schreibtisch liegende Briefe, Zeichnungen und Tagebuchseiten. Adressen und unbezahlte Rechnungen werden ein Raub der Flammen.

„Der große Pack Deiner Briefe ist nur rundum angebrannt, so daß sie jetzt wie auf Trauerpapier geschrieben, aussehen", beruhigt er Lucie und fügt hinzu: *„Auch ganz richtig – denn Briefe unter Lieben trauern immer, daß man sie überhaupt zu schreiben genöthigt ist."*

Am 25. August verlässt Pückler London, um das Landesinnere zu erkunden. In angenehmer Begleitung von L... geht die Reise nach Stoke Park (Buckinghamshire) und Eton (Berkshire), später ohne Graf Lottum zu den majestätischen Eichen und Buchen von St. Leonhard´s Hill (East Sussex). *„Einige ganz alte Anlagen abgerechnet, findest Du fast kein Haus oder Schloß in England, dessen An- und Aussicht nicht vielfach durch hohe Bäume unterbrochen wäre"*, erfährt Lucie. *„In den Abbildungen davon wird man getäuscht, weil die Zeichner gewöhnlich, da ihre Hauptabsicht ist, die Architektur des Gebäudes und seinen Umfang zu zeigen, die davorstehenden Bäume weglassen."*

In seiner Ganzheit zufriedenstellen kann nur der 15 000 Morgen große Park von Windsor (Berkshire). *„Er idealisiert, was ich haben will"*, heißt es. *„Eine anmutige Gegend, in deren Bezirke man ohne Entbehrung leben und weben kann."* Lord William Harcourt, der Oberaufseher von Windsor Great Park, führt den Gast zu den Stallungen der Cumberland Lodge. Dort präsentieren nubische Wärter die vielbesprochene Giraffe – ein Geschenk Mehmed Ali Paschas, des Gouverneurs von Ägypten. *„Ein seltsames Tier in der Tat! Du kennst seine Gestalt, aber nichts kann eine Idee von der Schönheit seiner Augen geben. Denke Dir ein Mittelding zwischen den Augen des schönsten arabischen Pferdes und des reizendsten südlichen Mädchens mit langen rabenschwarzen Wimpern und dem innigsten Ausdruck von Güte, verbunden mit vulkanischem Feuer. Die Giraffe liebt die Menschen, und ist äußerst gentle und von gutem Humor, auch gutem Appetit, denn sie säuft täglich die Milch von drei Kühen, die neben ihr ruhen. Ihre lange, himmelblaue Zunge gebraucht sie wie einen Rüssel, und nahm damit unter andern meinen Regenschirm weg, der ihr so gefiel, daß sie ihn gar nicht wieder herausgeben wollte. Ihr Gang war noch ein wenig ungeschickt, da sie sich auf dem Schiff verlegen hatte, sie soll aber im ganz gesunden Zustande sehr rasch sein, wie die Afrikaner versicherten."*

Im September trennt sich Pückler von seinen Pferden und sendet sie mit seinem Kammerdiener nach Hause. Berndt sei zwar zuverlässig, aber launisch, ohne jede Ambition sich mit Land und Leuten zu arrangieren. Die Freude an einer öffentlichen Hinrichtung ausgenommen. Mit zahlreichen Geschenken und neuen Ideen zur Verschönerung des Parks erreicht der Diener Muskau. Die Fürstin hält sich zu jener Zeit in ihrer Dresdner Wohnung auf.

Die Kreditbriefe des Bankiers Rothschild ermöglichen dem Fürsten Ausflüge in die Grafschaft Yorkshire. Mitte September trifft er beim Galopprennen in Doncaster die *fashionable* Gesellschaft wieder. In York besichtigt er das gotische Minster und wirft einen Blick in die im Old Palace untergebrachte York Minster Library, mit 120 000 Bänden die landesweit größte Bibliothek einer Kathedrale. Er steigt zu den Resten der Abtei von St. Mary hinauf, spaziert auf der römischen Stadtmauer und macht Notizen zum Micklegate Bar genannten Stadttor. Erst als die Hände *„müde vom Schreiben wie die Beine vom Gehen"* sind, gönnt er auch dem Magen einige Arbeit.

Am 21. des Monats geht die Fahrt zu den Parks von Harewood House, Temple Newsam House und Wentworth Woodhouse. In der Gegenrichtung liegen Castle Howard und das Seebad Scarborough. Um die herrlichen Landschaftsbilder genießen zu können, geht Pückler auch mal zu Fuß neben der Kutsche her. Gelegenheit, sich Gedanken über das englische Klima zu machen: So gut es die Vegetation unterstütze, so abscheulich sei es für die Menschen. Dass die Engländer so oft an Erkältungen oder Schwindsucht stürben, liege allerdings eher an deren Gewohnheiten. Beliebt seien Spaziergänge auf nassem Rasen, und in jedem Zimmer ständen stets mehrere Fenster offen, so dass man es vor *ventilation* kaum aushalten könne. Selbst wenn man die Fenster schließe, pfeife der Wind hindurch. Auch mit Pücklers Gesundheit steht es nicht zum Besten. Außer Verdauungsbeschwerden plagen ihn Migräne, Zahnweh und Hautausschlag. Seine Reiseapotheke enthält Magnesiumpulver gegen Wadenkrämpfe, Bikarbonat gegen Magenverstimmungen, Englisches Salz gegen Schwindelanfälle … Pückler verabscheut Krankheiten, denn sie kosten *„Geld, Gesundheit und Ruhm"*.

Der Weg führt ihn weiter hinauf nach Whitby. So weit das Auge reicht kein Strauch, kein Haus, weder Mauer noch Zaun. Nichts als endlos wogende, dicht mit Heidekraut bedeckte Hügel mit einer Menge weißer Punkte, die sich langsam hin und her bewegen: Tausende Heidschnucken. Eine Stunde vor dem Ziel verändert sich die Gegend.

Die englische Reinlichkeit verliert sich, Whitby gleicht einer alten deutschen Stadt: ohne Trottoirs, ebenso schmutzig, mit engen Gassen – aber mit herzlichen, freundlichen Menschen.

Über Leeds, Sheffield und Nottingham, insgesamt mehr als 300 englische Meilen, geht es zurück. Eine ganz neue Erfahrung ist kaltes *dinner,* von vorzüglicher Qualität und der Gesundheit zuträglich: kalter Schinken (alles große, nur zum Teil angeschnittene *piècen*), imposantes Roastbeef, Hammelkeule, Kälberbraten, kalte Hasenpastete, Haselhuhn, dreierlei Arten *pickles*, in Wasser gekochter Blumenkohl, Kartoffeln, Butter und Käse … *„Daß man damit ein ganzes Kränzchen Spießbürger bei uns gespeist hätte, springt in die Augen."* Auf der Nachtfahrt fliegt im Mondschein Newstead Abbey vorbei, Lord Byrons noch immer vernachlässigtes Anwesen. Am 6. Oktober 1827 kommt London.

Das Apartment in der Jermyn Street ist inzwischen weitervermietet worden. Eine bezahlbare Wohnung findet sich in 35 Albemarle Street. Unten beschäftigt die Wirtin – eine Putzmacherin – *„einen wahren Blumenflor"* von jungen Engländerinnen, Italienerinnen und Französinnen, die den Ankömmling auf ihre Art willkommen heißen.

Um die Brautsuche doch noch zum Erfolg zu führen, beschließt der Glücksjäger, professionelle Hilfe eines *matrimonial agent* (eines Heiratsvermittlers) in Anspruch zu nehmen. Seine ganze Hoffnung richtet sich auf Miss Elizabeth Hamlet, die 31 Jahre junge und 200,000 Pfund schwere Tochter eines verwitweten Juweliers. Nachdem er ihm bereitwillig Auskunft über seine Vermögensverhältnisse erteilt hat, wähnt sich der Fürst bei Mr. Hamlet *in good books.* Mitte November wird er dessen Tochter vorgestellt. *„Keine Schönheit, aber passabel",* liest Lucie, *„mit schönen Zähnen, Armen und Händen und den zierlichsten Füßen. Etwa von deiner Größe und vollschlank wie du."* Miss Elizabeth gibt zu, der Fürst mache einen äußerst angenehmen Eindruck auf sie, aber seine Scheidung *by mutual agreement* sei ein unüberwindbares Hindernis. In England gelte das *fault divorce system* (Verschuldensprinzip). Unter den gegebenen Umständen würde sie in Muskau lediglich als Mätresse gelten. Unter Tränen gehen Mr. Hamlet und Fürst Pückler auseinander: Schwiegersohn und Mitgift ade!

Während der nächsten zwei Monate bleibt Pückler in London. Um gegen Langeweile anzukämpfen und seinen Nachruhm vorzubereiten, sammelt er sogenannte *Erinnerungsbilder*: vier Alben mit nahezu tausend Skizzen, Grafiken und Karikaturen, die das Leben im Regency (1795–1837) illustrieren. Auf den feuchten Herbst folgt ein nasskalter Winter. Fürst Pückler und der Legationsrat Lottum suchen Unterhaltung im Theater oder laden die jungen Putzmacherinnen zu *late night dinners*. Die Angst, sich anzustecken, schützt nicht vor *la chaude pisse* (Tripper) ...

Mitte Januar 1828 ist Pückler wieder auf den Beinen. Er reist nach Brighton und verabredet sich mit Mary Gibbings – der hübschen Kaufmannstochter, die ihr Erbe mit den Schwestern teilen muss. Nach der Devise *eat, bird, or die* begleitet er Miss Mary zu Bällen, lauscht geduldig ihrem Gesang und „*komponiert*" einen langen Heiratsantrag. Ohne ihn abgeschickt zu haben, kehrt er Ende Februar nach London zurück.

Damit man auch in England Muskau nicht mit Moskau verwechsle, bittet der Fürst den Verleger Rudolph Ackermann Schloss und Park sowie Lucies Spa in seinem *Repository of Arts* vorzustellen. Die Erwähnung seines Namens in der *Morning Post* und fortgeschrittene Sprachfertigkeiten berechtigen zu der Hoffnung, die Brautschau zu Ende zu bringen. Aber es kommt anders: Wegen selbstverschuldeter Verstöße gegen die *étiquette* macht sich Pückler erneut zum Gespött. Der Verleger John Murray behauptet, er wäre nichts weiter als ein Abenteurer – „*not worth a shilling.*"

Manch anderer würde gern in die Schlagzeilen zu geraten. Am 3. März 1828 erscheint im *Berliner Courier* ein überschwängliches Lobgedicht auf die Sängerin Nina Sontag, die Schwester der gefeierten Operndiva. Da dem jüdischen Schriftsteller Moritz (Moses) Gottlieb Saphir deren Erfolg ein Dorn im Auge ist, erweist sich das Akrostichon als Verunglimpfung der engelsgleichen Henriette Sontag. Hinzu kommt „Unehrerbietigkeit" gegenüber der Polizei. Der „*geistige Taschenspieler*" Saphir erhält sechs Wochen Festungshaft, sein Name gelangt endlich in die Medien.

Nach Auftritten in Paris kommt Henriette Sontag für drei Monate nach London. Ihr zu Ehren lädt der preußische Gesandte am 27. April zu einem Empfang. Pückler hat die „*göttliche Jette*" drei Jahre zuvor am Berliner Königsstädtischen Theater erlebt. Damals hat ihn ihre hinreißende Schönheit mehr als ihr Gesang berührt. Nun debütiert die Sontag am King´s Theatre, Haymarket. Über ihre Gesellschaftsdame erneuert Pückler den Kontakt. Es folgen angeregte Unterhaltungen, die deutsche Sprache vermittelt Heimatgefühle. In den folgenden Wochen begleitet Pückler die *„flatternde Nachtigall"* (Goethe) zu Theateraufführungen und ausgedehnten Reitausflügen.

Am Abend des 4. Mai lädt er die 22-jährige Schönheit in die Ship Tavern ein – ein für Meeraale, Flundern und Seezungen berühmtes Lokal in Greenwich. *„Bei Licht und Sonnenschein zugleich aßen wir über dem Wasser am offenen Fenster, und um 12 Uhr erst fuhren wir im vollzugemachten Wagen zu Haus"*, teilt sich der Möchtegern noch in selber Nacht und in Lausitzer Mundart Lucie mit. *„Du kennst meine Art, solche Gelegenheit nicht unbenutzt zu lassen, wenn ich gleich vor ihr auch fürchten würde, unzart zu sein. Am Anfang war man scheu, bös – am Ende gab man doch ein wenig nach, und ehe wir zu Hause kamen, war nichts Unanständiges geschehen, aber doch, was Zärtlichkeit eingeben kann, ausgetauscht. Te voilà satisfait maintenant, denn die Eitelkeit ist wenigstens befriedigt, wirst Du sagen – aber weiter kann ich auch nicht gehen wollen, wenn es mir auch gelänge ..."* Ein Engel habe seinen Weg gekreuzt, schwärmt Pückler, Henriette sei die Blume am Dornenstrauch seines gegenwärtigen Lebens. Schließlich gesteht er seiner Ex-Frau, sich zum allerersten Mal wirklich verliebt zu haben. Wäre es nicht besser, ein einfaches Mädchen zu heiraten, das ihn glücklich mache …?

Drei Tage später legt Henriette Sontag ein Geständnis ab: Für einen Moment habe sie das unlösbare Band vergessen, das sie an einem anderen Mann halte. Dessen Namen und ihre Schwangerschaft verschweigt sie. Am 31. Mai gibt die Diva ihr letztes Konzert, dann verlässt sie London. Für ihren Verehrer wird sie unvergessen bleiben.

Im Dezember 1828 wird an einem unbekannten Ort Henriette Sontags kleine Tochter geboren. Im folgenden Jahr verbreitet sich das Gerücht, die aus einer einfachen Koblenzer Schauspielerfamilie stammende Sängerin habe sich mit dem Comte Carlo de Rossi, Legationssekretär des Königreiches Sardinien-Piemont, vermählt. Der preußische König nimmt die Künstlerin vor der Öffentlichkeit in Schutz und erhebt sie als Gräfin von Lauenstein in den Adelsstand. Am 19. Mai 1830 verabschiedet sich die Sontag vom deutschen Publikum. Ihr Ehemann ist inzwischen als Gesandter nach Den Haag beordert worden. Henriette Sontag-Rossi ist künftig vor allem Mutter der gemein-

samen Kinder. Die Familie des Diplomaten de Rossi wechselt von Den Haag nach Frankfurt, von dort nach St. Petersburg und schließlich nach Berlin, wo Henriette einen musikalischen Salon unterhält. Im Revolutionsjahr 1848 verliert die Familie ihr gesamtes Vermögen, doch der Koloratursopranistin gelingt ein Comeback. 1852 wird die 46-Jährige von traumhaften Gagen nach Amerika gelockt. Dort erkrankt sie an Cholera und stirbt am 17. Juni 1854 in Mexiko-Stadt. Ihre letzte Ruhestätte findet sie in der Kreuz- und Michaeliskapelle des Klosters Marienthal/Oberlausitz.

Inzwischen betritt eine andere Schönheit die Londoner Bühne: Laetitia Bonaparte-Wyse, eine Nichte Napoleons. „*Sie ist schön gewachsen, hat außerordentlich brillante Farben, Napoleons antike Nase, große ausdrucksvolle Augen, und alle französische Lebhaftigkeit, als Zugabe noch mit italienischem Feuer gemischt.*" Obwohl sie nicht ganz Pücklers Geschmack entspricht, sucht er ihre Bekanntschaft, um mit ihr über Napoleon sprechen zu können. Als Laetitia im Juni 1828 aus Viterbo (Latium) zurückkehrt, trennt sie sich von ihrem Ehemann. Der Diplomat Sir Thomas Wyse geht nach Irland, seine exzentrische Gattin bleibt in London, wo sie ihre Depressionen mit Opium zu bekämpfen sucht. Pückler vertraut sie an, wegen eines untreuen Geliebten ihrem Leben ein Ende bereiten zu wollen. Am 21. Juni fischt man die 24-Jährige aus dem Serpentine Lake. Am 24. berichtet das Londoner Journal *The Sphynx*, Madame Wyse habe in der Nacht von Samstag auf Sonntag einen Selbstmordversuch unternommen. Kurz zuvor sei sie in Begleitung des Prinzen Pückler gesehen worden. Laetitias Suizidversuch bringt den Fürsten bei den höchsten Kreisen in Verruf. Der *fortune hunter* fühlt sich als Gejagter und flieht „*seelenkrank*" aus London.

Am 12. Juli 1828 schreibt er Lucie den ersten Brief aus Cheltenham (Gloucestershire), einem „*allerliebsten Badeort, von einer Eleganz, die auf dem Kontinent nicht angetroffen wird. Schon die reiche Gaserleuchtung, und die, alle wie neu aussehenden villenartigen Häuser, jedes mit seinem Blumengärtchen umgeben, stimmen das Gemüt fröhlich und behaglich. Auch komme ich in diesen Stunden, wo das Tageslicht mit dem künstlichen streitet, überall am liebsten an. Wie ich in den fast prächtig zu nennenden Gasthof eintrat, und auf schneeweißer Steintreppe, die ein Geländer von Goldbronze zierte, über frisch glänzende Teppiche, von zwei Dienern vorgeleuchtet, nach meiner Stube ging, gab ich mich dem Gefühle des comforts recht con amore hin, das man nur in England vollkommen kennenlernt.*

In dieser Hinsicht ist daher auch für einen Misanthropen, wie ich bin, das hiesige Land ganz geeignet, weil alles, was nichts mit dem Gesellschaftlichen zu tun hat, alles, was man für Geld sich verschafft, vortrefflich und vollständig ist, und man es isoliert genießen kann, ohne daß sich ein anderer um uns bekümmert.[...] Was man bei uns Wohlhabenheit nennt, findet man hier als das Notwendige angesehen, und durch alle Klassen verbreitet. Daraus entsteht, bis auf die kleinsten Details, ein Streben nach Zierlichkeit, eine sorgsame Eleganz und Reinlichkeit, mit einem Wort: ein Trachten nach dem Schönen neben dem Nützlichen, das unsern geringern Klassen noch ganz unbekannt ist."

Während der nächsten sechs Monate hat Lucie Mühe, die Reiseroute ihres »ewig treu ergebenen L... « auf der Landkarte nachzuvollziehen. Seine Briefe kommen nun aus Wales, Irland und Südengland. Am ersten Tag des Jahres 1829 tritt der Fürst via London und Dover die Heimreise an. Am 2. Januar erreicht er wohlbehalten die französische Hafenstadt Calais. Das Hotel de Bourbon wartet mit einem vortrefflichen *dîner* auf, wie es kein englischer Gasthof bieten kann. Erleichterung macht sich breit, das wohlige „*Gefühl eines aus langer Gefangenschaft Zurückgekehrten*". Via Paris kehrt Fürst Pückler am 10. Februar in die Oberlausitz zurück. Ohne die versprochene Braut.

Die England-Briefe eines Verstorbenen

Während der Abwesenheit des Fürsten kümmert sich die Fürstin um sämtliche Muskauer Belange. Als 1828 das befreundete Ehepaar Karl August und Rahel Varnhagen von Ense im Hermannsbad kurt, trägt Lucie aus den *„entzückenden"* Briefen Pücklers vor. Da sie einen bisher unbekannten Einblick in *„die Welt der höheren und höchsten Klassen"* bieten, wird eine neue Geschäftsidee geboren: Die Briefe sollen editiert und publiziert werden.

Nach der Rückkehr des Fürsten werden 1 500 Seiten chronologisch geordnet und Notizen aus den *Erinnerungsalben* hinzugefügt. Pückler feilt am Stil und kreiert neue Wörter, streicht indiskrete Passagen und hebt andere bewusst hervor. Er verwandelt »Lucie« in »Julie« und beschließt, die Briefe unter einem Pseudonym zu veröffentlichen. Im August 1830 erscheinen bei F. G. Franckh in München die *Briefe eines Verstorbenen, Ein fragmentarisches Tagebuch aus Deutschland, Holland, England, Wales, Irland und Frankreich, geschrieben in den Jahren 1826 bis 1829.* Der erste Band (die Briefe 25 bis 48) zum Preis von 3 Talern und 18 Groschen. Am 1. März 1831 kommt der zweite Band, in dem der *Verstorbene* vorgibt, von seinem Herausgeber Hermann ins Leben zurückgerufen worden zu sein. Raffinierterweise erscheinen erst mit den Bänden drei und vier die frühen Erlebnisse der Reise.

Varnhagen rät, den ersten Band der *Briefe eines Verstorbenen n*ach Weimar zu senden. Allein der Gedanke beunruhigt den Autor. Wie kann das Urteil des »Dichterfürsten« schon lauten? Andererseits wäre selbst ein Tadel des *„hohen Greises"* noch ehrenvoll …

Goethe schreibt am 22. August 1831 in sein Tagebuch: *„Briefe eines Verstorbenen vorgenommen. Ist eigentlich ein wunderliches Werk, aus zwei nicht zusammengehörigen Manuscripten zusammengesetzt. Die briefliche Reisebeschreibung in ihren Einzelheiten höchst schätzenswert, das andere sehr feinsinnige Äußerungen, die besonders gegen die Frömmler gerichtet zu sein scheinen. Dem Leser wird durch diese wunderliche Zweiheit ganz verwirrt."* Nur zwei Tage darauf notiert er: *„Den ersten Band der Briefe eines Verstorbenen hinausgelesen, weiter nichts Ungeschicktes gefunden."*

Am 1. September diktiert Goethe die ausführliche Besprechung des Werkes. Über Varnhagen gelangt sie in die Hände Pücklers, der nun schwarz auf weiß lesen kann: *„Ein für Deutschlands Literatur bedeutendes Werk. Hier wird uns ein vorzüglicher Mann bekannt, in seinen besten Jahren, etwa ein Vierziger, in einem höheren Stande geboren, wo man sich nicht erst abzumühen braucht, um auf ein gewisses Niveau zu gelangen, wo man früh Gelegenheit findet, der Schmied seines eigenen Glücks zu sein, und, wenn das Werk mißlingt, wir es uns selber anzurechnen haben."* Varnhagen veröffentlicht Goethes – vermutlich unter dem Eindruck der Pariser Julirevolution – entstandene Rezension in *Jahrbücher für wissenschaftliche Kritik* (1831).

Die mehr als drei Jahrzehnte während Freundschaft zwischen Hermann von Pückler-Muskau und dem Geheimen Legationsrat und Publizisten Karl August Varnhagen von Ense beruht auf gegenseitigem Respekt – Duzfreundschaften sind damals noch nicht gang und gäbe – und dem Bemühen „anerkannt und verstanden zu werden". Der Fürst bezeichnet den gleichaltrigen Freund als „gütigen literarischen Protektor", Varnhagen schätzt Pückler „als Schutzheiligen gegen Überdruss und Kleinmut" jeglicher Art. Dessen Nichte Ludmilla Assing wird später Varnhagens Nachlass editieren, darunter auch den Briefwechsel und die Tagebücher des Fürsten Hermann von Pückler-Muskau (1873/76).

Da sich Reiseliteratur großer Beliebtheit erfreut, erweisen sich die *Briefe eines Verstorbenen* als ein *„Zug aus dem Glückstopf"* (Varnhagen). So schnell er kann, sendet Pückler auch die letzten zwei Bände (Stuttgart 1831) nach Weimar, begleitet von einem mit *„Berlin, den 4t December 1831"* datierten Brief: *„Euer Excellenz haben einem Werkchen, dessen Verfasser (obgleich er seine Anonymität für das größere Publikum nicht aufzugeben gesonnen ist) Ihnen doch nicht mehr unbekannt seyn kann, durch eine eben so milde als an sich liebliche Critik einen Erfolg erschaffen, welchen des Buches eigner Gehalt ihm nie hätte einbringen können."* Mit der Unterschrift *„Hermann Fürst Pückler-Muskau"* gibt er sich zu erkennen. Aber *„Jovis in Weimar"* antwortet nicht ...

Nach vier qualvollen Wochen trifft der erwartete Brief ein: *„Willkomm dem unter die Lebendigen glücklich Wiederkehrenden. Wenn der edle Scheintodte auf seinen zurückgelegten Reisewegen freudig von mir begleitet ward, so muß der in's Leben Zurückkehrende mich gewiß auf Schritten und Tritten* *theilnehmend an seine Seite ziehen. [...] Als treusten und bequemsten Reise-gefährten indessen hochachtungsvoll sich unterzeichnend, allerbestens emp-fohlen zu seyn wünscht J. W. v. Goethe, Weimar den 5. Januar 1832."* Ein Schatz, den Pückler wohl zu würdigen weiß, denn am 22. März verstirbt der »Dichterfürst«.

Auch Heinrich Heine – ohne das Werk gelesen zu haben – bringt über-schwängliches Lob zum Ausdruck. Im Vierten Teil (Vorwort) seiner *Reise-bilder* kann Pückler lesen: *„Was Reisebeschreibung betrifft, so gibt es außer Archenholz und Göde, gewiß kein Buch über England, das uns die dortigen Zustände besser veranschaulichen könnte, als die, dieses Jahr, bei Franckh in München erschienenen Briefe eines Verstorbenen. Ein fragmentarisches Tagebuch aus England, Wales, Irland und Frankreich, geschrieben in den Jahren 1828 und 1829. Es ist dieses noch in mancher anderen Hinsicht ein vortreffliches Buch, und verdient in vollem Maße das Lob, das ihm Goethe und Varnhagen v. Ense, in den Berliner Jahrbüchern, für wissenschaftliche Kritik, gespendet haben. – Hamburg, den 15. November 1830."* Vierund-zwanzig Jahre später revanchiert sich Pückler als Anwalt Heines gegenüber dem Hamburger Verleger Julius Campe. Heine erhält den gewünschten Ho-norarvertrag und setzt dem *Verstorbenen* im Vorwort seiner *Lutetia* (1854) ein weiteres Denkmal.

Das Echo und der finanzielle Erfolg der *Briefe eines Verstorbenen* übertref-fen alle Erwartungen. Gegenüber der schriftstellernden Gräfin Ida von Hahn-Hahn behauptet Pückler, mit seinen Büchern zwischen 30.000 und 40.000 Taler verdient zu haben. In jedem Falle ist es der lange erhoffte Segen, denn der Fürst steht bei seinen Gläubigern mit 500.000 Talern (ca. 2,5 Millionen Euro) in der Kreide.

Goethes Kritik bleibt auch auf britische Rezensenten nicht ohne Einfluss. Die *Times* stimmt ihm vorbehaltlos zu, die *Edinburgh Review* und die *Quarterly Review* widersprechen: Goethes Informationen kämen nicht aus erster Hand, er könne also gar kein fundiertes Urteil abgeben. Die *Monthly Review* will in den *Briefen eines Verstorbenen* Ähnlichkeiten mit Goethes Briefroman *Die Leiden des jungen Werthers* (1774) entdeckt haben. Der Ver-leger John Murray wittert ein Geschäft. Als sich die Schriftstellerin Sarah Austin an die Übersetzung der *Briefe* macht, bemerkt sie *„die besondere und interessante Denkweise"* des Unbekannten, seine *„leicht melancholische Art* *des Philosophierens …"* Was ihrem Verleger missfällt, ist die Freude des *Verstorbenen* an pikanten Situationen. Um seine Leserschaft nicht zu brüskieren, überlässt Murray das Manuskript der Konkurrenz. Der Verleger Effingham Wilson hat weniger Angst vor einem Skandal.

Als im November 1831 die ersten beiden Bände der *Tour of a German Prince* (Kurztitel) erscheinen, hat die Übersetzerin gewisse Passagen gestrichen und somit Pücklers *Briefen* die *„Würze"* genommen. Die verbliebenen Anspielungen reichen allerdings, um die *fashionable* Gesellschaft in Unruhe zu versetzen. Die Presse rügt die Indiskretionen und unqualifizierten Kommentare. Die *New Quarterly Review* hofft, die *„Lady Janes und Lady Marys"*, denen der erlauchte Prinz nachgesetzt, und die Familienväter, deren Gastfreundschaft er genossen, mögen vor solch kontinentaler Taktlosigkeit ein für alle Mal gewarnt sein. Aber wer mag hinter dem *German Prince* stecken? Erst als dem dritten Band ein Porträt beigefügt wird, ist auch in England jeder Zweifel an der Identität des Autors ausgeräumt. Der verfolgt vom sicheren Festland aus, wie sich jene *ding-dong battles* auf den Verkauf seiner Bücher auswirken.

Während der Verleger Wilson auf weitere Zusammenarbeit hofft, sinnt die irische Schriftstellerin Sydney Oweson alias Lady Morgan auf Rache. In ihrem Roman *The Princess; or The Beguine* (1835) verpasst sie Pückler die Rolle des glücklosen Colonel Count Melchior of Katzenellenbogen (Cat´s Elbow). Im Apartment der Prinzessin von Schaffenhausen bewegt sich der Graf – weißbehandschuht, mit einem edelsteinbesetzten Spazierstock in der einen und einem prächtigen Duodecimo-Band in der anderen Hand – mit solcher Leichtigkeit, dass man sogar seinen Schnurrhaaren – einer gescheckten Katze ähnlich – Glauben schenken möchte. Sein schwarzes Haar und seine elegante Figur lassen jugendliche Frische vermuten, wären da nicht die Fältchen um seine feinen katzenartigen Augen …

Auch der junge Romancier Charles Dickens erlaubt sich einen Spaß. In seinen *Pickwick Papers* (1836/37) lässt er einen backenbärtigen Count Smortork auftreten, der in kurzer Zeit möglichst viele Informationen über England sammeln will. Aufgrund unzureichender Sprachkenntnisse schnappt er manches falsch auf und hält es auch so in seinem Portefeuille fest.

Der Mythos von Pückler als ungebändigtem Frauenheld, erfolgreicher als Casanova, dringt bis zu seiner Übersetzerin. Die attraktive Sarah Austin will sich ihr eigenes Bild machen. Sie korrespondiert mit Pückler und lässt sich auf seinen lockeren Stil ein. Nachdem sie jeden Verdacht von sich gewiesen hat, eine sittenstrenge Puritanerin zu sein, wartet die 38-Jährige mit körperlichen Vorzügen auf. Sie sei von bester Gesundheit, gut gebaut, mit festen Waden und Schenkeln, fein gedrechselten Knien und Fußgelenken … Schließlich gesteht sie Pückler ihre Liebe. Wie gern würde sie nach Muskau kommen und ins Englische Haus einziehen, wenigstens aber in Berlin wohnen! Pückler verschweigt seine Altersbeschwerden. Als sich beide zehn Jahre später *face to face* gegenüberstehen, hält sich die Begeisterung in Grenzen.

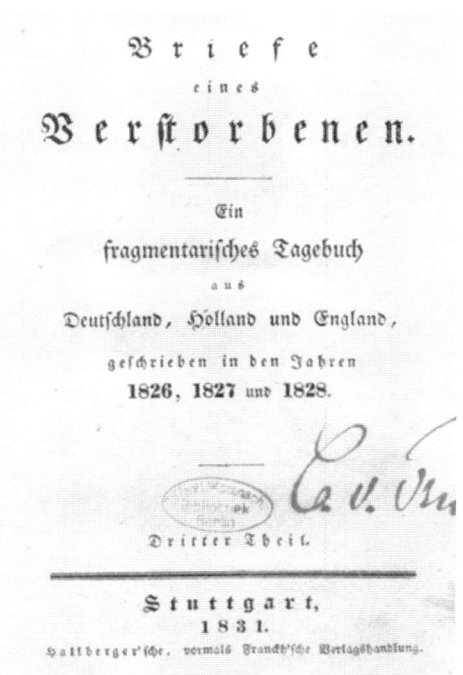

Abb. 10 Briefe eines Verstorbenen. Ein fragmentarisches Tagebuch aus England, Wales, Irland und Frankreich, geschrieben in den Jahren 1828 und 1829.

Pückler als Schriftsteller und Landschaftsgärtner

Der finanzielle Erfolg der Englandbriefe macht Lust auf mehr, aber der Standesherr muss auch unangenehmen Pflichten nachkommen. In Berlin tritt er für die Entschädigung seiner Lausitzer Leidensgenossen ein, in Görlitz plagt er sich als Kommandeur des zweiten Aufgebots mit Einjährig-Freiwilligen *„und sonstigen Ersatzmannschaften"* herum. Für Muskau bleiben nur die Wochenenden. Gegen drei Uhr nachmittags steht der Fürst auf, nach dem Tee widmet er sich seinem Park und geschäftlichen Dingen. Abends erwartet er Gäste zum Dîner, nach deren Verabschiedung sitzen er und Lucie bei einem guten Buch zusammen. Victor Hugos Roman *Notre-Dame de Paris* (1831) ist gerade in aller Munde und sorgt für ein Wechselbad der Gefühle. Um Mitternacht setzt sich Pückler an den Schreibtisch, nach Sonnenaufgang geht er zu Bett.

Im Februar 1834 erscheinen die ersten beiden Teile des fünfbändigen Werkes *Tutti Frutti. Aus den Papieren des Verstorbenen* (1834) – *Dem Königlich -Preussischen Ober-Kammerherrn und Staatsminister Herrn Fürsten zu Sayn und Wittgenstein in tiefster Verehrung gewidmet.* Ausgerechnet Wilhelm Ludwig Georg zu Sayn-Wittgenstein-Hohenstein, dem ehemaligen Leiter der preußischen Polizei, der jede nationale und liberale Bewegung in Preußen im Keim ersticken ließ! Dahinter steckt ein genialer Schachzug, der auch diesem Buch zum Erfolg verhelfen wird. Der anonyme Autor schlägt nicht nur neue Erbregelungen vor oder sinniert über die Rolle des Adels. In allerlei Allotrien witzelt er über seine Zeitgenossen und sich selbst. Im dritten und vierten Teil versteckt er eine Eulenspiegelei mit dem Titel *Acht Frühlings- und Sommertage aus dem Leben Mischling's*: Der gleichnamige Held reist inkognito durch seine Standesherrschaft und hält den Mitmenschen den Spiegel vor. Das Leitmotiv der Novelle sind Lüge und Wahrheit, Schein und Sein, wahre und falsche Liebe … Während man sich nun in Sachsen und Preußen wegen möglicher Enthüllungen ängstigt, rühmt Alexander von Humboldt Geist und Witz des Verfassers. Und das Café Kranzler steigert den Absatz seiner Eis-Früchte-Kreation »Tutti Frutti«.

Auch im Muskauer Park geht es voran, ein Drittel ist bereits als Bildergalerie erlebbar. Anlass für den Gartenkünstler Hermann von Pückler-Muskau, den Markt mit einer weiteren Publikation zu bereichern. Mit zahlreichen Illustrationen und einer Karte *„wie der fürstliche Park zu Muskau jetzt theils* *ist, theils werden soll"* erscheinen die *Andeutungen über Landschaftsgärtnerei* (1834) – gewidmet Seiner Königlichen Hoheit, dem Prinzen Carl von Preußen als dem *„Beschützer und Kenner des Schönen".* In dem 80 Taler teuren Werk gibt der Parkomane seine Erfahrungen zum Besten:

> *„Der höchste Grad der landschaftlichen Gartenkunst ist nur da erreicht, wo sie wieder freie Natur, jedoch in ihrer edelsten Form, zu sein scheint."*

Bereits am Ende der Englandbriefe hat Pückler seine Leserschaft auf weitere Reiseerlebnisse eingestimmt. Wie viele seiner Zeitgenossen, darunter der Prinz Bernhard von Sachsen-Weimar-Eisenach, will er nach Amerika segeln. Da erscheint in der *Augsburger Allgemeinen Zeitung* die Nachricht, der Oberst Carl Heinrich Adolph von Kurssel, Kommandeur eines in Bonn stationierten Ulanen-Regiments, fühle sich in dem mit spitzer Feder geschriebenen Werk *Tutti Frutti* persönlich angegriffen und fordere Genugtuung. Nachdem alle Schlichtungsversuche gescheitert sind, kommt es am 9. September 1834 bei Verviers (Wallonie) zum Waffengang auf Pistole. Pücklers Kugel streift den Herausforderer am Hals, die des Obersten verfehlt ihr Ziel. Daraufhin widerruft Kurssel, von Pückler *„schändlichst"* verleumdet worden zu sein.

Sinn eines Duells unter Aristokraten ist die „Satisfaction", die Wiederherstellung der Ehre vor der Öffentlichkeit. Von Hermann von Pückler-Muskau überliefert sind vier Duelle auf Pistole und acht auf Säbel. Stets verlässt er den Platz als Sieger, niemals verletzt er einen Kontrahenten lebensgefährlich. Während man sich in England längst keine Duelle mehr liefert, hält man auf dem Kontinent lange daran fest. Im ausgehenden 19. Jahrhundert finden sie auch unter Studenten und Akademikern, höheren Beamten und wohlhabenden Bürgern Verbreitung. Theodor Fontane greift das Motiv des Duellierens in seinen Romanen Cécile (1886), Irrungen und Wirrungen (1887) und Effi Briest (1895) auf.

Pückler kommt zwar niemals nach New York, aber sein Name wird auch dort bekannt. 1851 segelt der preußische Landschaftsarchitekt Adolph Strauch in die Neue Welt, in seinem Gepäck die *Andeutungen über Landschaftsgärtnerei* (1834). Der Bostoner Gartenarchitekt Charles Eliot nimmt den umgekehrten Weg und kommt 1887 nach Muskau.

An Frederick Law Olmsted, den Begründer des New Yorker Central Parks, schreibt er, Pücklers Park sei das beste Werk großer Landschaftsgestaltung, das dieses Jahrhundert in Europa hervorgebracht habe.

Pückler selbst reist via Frankreich in den Orient. 1837 erreicht er die osmanische Provinz Ägypten, die von dem umstrittenen Gouverneur Mehmed Ali Pascha regiert wird. Der »orientalische Napoleon« weiß, dass es abendländischer Unterstützung bedarf, um in der modernen Welt bestehen zu können. Die Ratgebertätigkeit des Fürsten Pückler veranlasst die *Augsburger Allgemeine Zeitung* zu heftiger Kritik. In seinem Buch *Aus Mehemed Alis Reich* (1844) hält Pückler dagegen: Auch Napoleon, nachdem er lange als Meteor geglänzt, sei erst von den *„elendesten Wichten"* in den Staub herabgezogen worden, nur ein Vierteljahrhundert später habe ihm die Menge von Neuem Ehre und Bewunderung gezollt. Dass er von Carl Leberecht Immermann in dessen Roman *Münchhausen. Eine Geschichte in Arabesken* (1838/39) parodiert wird, erfährt Pückler erst zwanzig Jahre später.

Abb. 11 View from the Knightsbridge Road of The Crystal Palace in Hyde Park for Grand International Exhibition of 1851.

Als er über Konstantinopel (Istanbul) aus dem Orient zurückkehrt, überlässt Pückler seine Feder den Tiefen des Bosporus – zumindest symbolisch. Am 8. September 1840 trifft er mit mehreren Araberpferden, dem türkisch gekleideten Diener Joladour und der abessinischen Gefährtin Machbuba (arab. die Geliebte) in Muskau ein. Bereits am 27. Oktober verstirbt das Mädchen an Tuberkulose, zwei Tage später wird sie auf dem Muskauer Jakobsfriedhof beigesetzt.

Nach fünf Jahren wechselt die verschuldete Standesherrschaft für 1,7 Millionen Gulden den Besitzer, ein Jahr darauf gelangt sie in den Besitz des Prinzen Friedrich von Oranien-Nassau und seiner Ehefrau Wilhelmine, einer geborenen Prinzessin von Preußen. Gemeinsam mit den Parkinspektoren Jacob Heinrich Rehder und Eduard Petzold (ab 1852) setzt das Prinzenpaar Pücklers Werk fort. Die nachfolgende Familie von Arnim macht Muskau zu einer Residenz von europäischem Rang. Seit 2004 zählt der 830 Hektar große Park – ein Drittel diesseits, zwei Drittel jenseits der Neiße – zum Weltkulturerbe.

1846 wagt das Fürstenpaar einen Neuanfang auf dem Majoratsgut Branitz. *„Ganz nahe bei der gewerbereichen Stadt Cottbus, drei Meilen von Muskau und ebenso weit von Guben, der nächsten Eisenbahnstation entfernt"*, weiß der Eisenacher Hofgärtner und Gartenschriftsteller Hermann Jäger zu berichten. Durch die Anlage eines neuen Parks habe der Fürst bewiesen, *„daß mit Geld ein fähiger Kopf überall, wo Pflanzen wachsen wollen, Gärten anlegen kann, selbst in der Wüste Sahara und den Steppen, mit denen die Gegend um Branitz die größte Ähnlichkeit hat."* Wieder ist über Austauschgrundstücke zu verhandeln, müssen Seen gegraben, Erhebungen modelliert, Bäume gepflanzt und Wege angelegt werden. Dabei kommen dem Fürsten die guten Beziehungen zum Direktor des Cottbuser Gefängnisses zugute. Aus Dresden reist der Architekt Gottfried Semper an und entwirft Pläne für die Modernisierung des Schlosses sowie den Bau eines Gewächshauses. Mit Architekturen und Erinnerungsorten, einer Land- und einer Seepyramide macht Pückler Branitz zu seinem *„Meisterstück"*.

Seit 1947 stehen Park und Schloss unter Denkmalschutz, die Anerkennung des 120 Hektar großen Landschaftsparks als UNESCO-Welterbe ist längst überfällig.

Zu Beginn des Jahres 1848 erfährt man in Berlin mittels optischer Telegrafenlinie: *Revolutionäre Erhebungen in Paris!* Am 24. Februar gibt die *Vossische Zeitung* den Rücktritt des französischen »Bürgerkönigs« Louis-Philippe I. bekannt. Die Aktienkurse gehen auf Talfahrt. Pückler eilt in die preußische Hauptstadt, um keine Nachricht zu verpassen. Im Hôtel de Russie, unweit der Schlossbrücke, schreibt er von einem *„unerquicklichen Zustand, denn die Regierung ist erbärmlich und das Volk unreif in jeder Hinsicht zu dem, was es will."* Pückler favorisiert den Prinzen (Wilhelm Friedrich Ludwig) von Preußen und protegiert Autoren des sogenannten Jungen Deutschland. Er selbst hält sich von politischen Aktivitäten fern. Am 18. Mai tritt die Frankfurter Nationalversammlung zusammen, aber keine Partei hat einen Mann aufzuweisen wie Frankreich oder England. *„Wo hätten sie auch herkommen sollen?"*, fragt Pückler seine Biografin Ludmilla Assing. *„Auf Flugsand kann kein Weizen wachsen. Große Diener sind bei uns noch möglich, kein großer Patriot."*

Während sich die Fürstin in die Kunststadt Dresden zurückzieht, widmet sich der Fürst seinem Branitzer Refugium. Mit der *ornamental farm* entstehen landwirtschaftliche Nutzflächen und als *approach* das Muskauer Torhaus. Von dort führt die sogenannte Englische Allee zur Parkschmiede. Das 1848/49 errichtete Gebäude – eine Reminiszenz an das Babelsberger Damenhäuschen der Königin Augusta (heute Café Kleines Schloss) – vereint englische Tudorgotik mit orientalischen Stilelementen. Im Tudorstil entstehen auch der Marstall und das Kavalierhaus.

Das Branitzer Schloss ist schon bald von einem blühenden Pleasureground umgeben. Die Rosenlaube (Kiosk) wird 1861 mit einer vergoldeten Büste der Henriette Sontag vollendet. Von der Spitze der zierlichen Laube windet sich eine Schlange nach unten. Über all dem steht ein Stern: Pückler, der die einzige Liebe seines Lebens beschützt. Pinienzapfen symbolisieren Auferstehung und Unsterblichkeit.

Dritter Englandaufenthalt und Park Branitz

Im Herbst des Jahres 1851 reist Fürst Pückler via Brüssel – Calais – Dover ein drittes Mal nach London. Im Hyde Park findet vom 1. Mai bis zum 11. Oktober die *Great Exhibition of the Works of Industry of all Nations* statt. 14 000 Aussteller aus insgesamt 94 Ländern und britischen Kolonien präsentieren mehr als eine Million Exponate und modernste Produktionsmittel. Der von dem Gartenarchitekten Joseph Paxton entworfene Kristallpalast bietet Platz für Industrieanlagen der Superlative und drei hochgewachsene Ulmen.

Während *Cook's Herald and Excursion Advertiser* für eine Reise zur ersten großen Weltausstellung wirbt, warnen die Gegner des Freihandels und internationaler Großereignisse vor Anschlägen *„ausländischer Sozialisten"* und *„einheimischer Chartisten"*. Tatsächlich treiben – wie überall – Taschendiebe ihr Unwesen und erleichtern die Besucher um ihre Geldbeutel. Als die überaus erfolgreiche Ausstellung ihre Pforten schließt, hat das Unternehmen Cook 150 000 Besucher per Sonderzug nach London gebracht. Der Name »Thomas Cook« wird zu einem Markenzeichen, der Architekt des gläsernen Palastes darf sich fortan Sir Joseph Paxton nennen.

Unter den 6 Millionen Besuchern der Weltausstellung befinden sich Prinz Wilhelm Friedrich Ludwig von Preußen und dessen Gemahlin Augusta, eine geborene Prinzessin von Sachsen-Weimar-Eisenach. Beide teilen die Englandbegeisterung des Fürsten von Pückler-Muskau, sei sie doch Ausdruck des Grades an Zivilisation und Bildung.

Neun Jahre zuvor hat Pückler dem Prinzenpaar sein Unterthänigstest Promemoria (1842) für die Sommerresidenz Babelsberg zu Füßen gelegt. Orientierungshilfe boten das von dem Gartendirektor Joseph Peter Lenné konzipierte Wegenetz und das erwähnte Lehrwerk Humphry Reptons. Rund um das Schloss wurden Gartenterrassen angelegt, im Pleasureground entstand nach dem Vorbild von Ashrigde Park der Goldene Rosengarten. Als Vorlage für die „Goldene Blumenfontäne" vor den Fenstern der Prinzessin Augusta dienten eiserne Rankgerüste aus englischer Fabrikation. Dank großer Bäume, ausgeklügelter Wasserläufe und leistungsfähiger Pumpanlagen war der Park bereits nach wenigen Jahren räumlich erlebbar. An seinen Schöpfer erinnert seit 1977 ein in Stein gehauenes Reliefbild.

Am Rande der Weltausstellung bahnt sich eine neue dynastische Verbindung zwischen Preußen und England an. Friedrich (Fritz) Wilhelm, der 19-jährige Sohn des Prinzenpaares, ist beeindruckt von Victoria (Vicky), der ältesten Tochter der Königin Victoria und des Prinzregenten Albert. Auf Fritz' zögerliches Englisch reagiert die elfjährige Vicky in fließendem Deutsch. Beide korrespondieren miteinander, nach vier Jahren werden sie sich in London wiedersehen.

Ein humorvolle Korrespondenz Pücklers geht am 29. Oktober 1851 an die Fürstin Lucie. *„Ich gratuliere dir zu meinem morgenden Geburtstag",* schreibt er, *„wo es Gott gefiel Jemanden allein für Dich zu schaffen, und mit allen Tugenden eines Erzengels auszustatten."* An seinem 66. Geburtstag will der Schalk mit der Eisenbahn zur Britannia Bridge, Bangor (Nord-Wales) reisen, doch heftiges Unwohlsein hindert ihn, die 240 Meilen lange Fahrt anzutreten. Nach kurzer Erholungsphase gibt Pückler sein Ansinnen auf und kehrt England für immer den Rücken.

Im folgenden Sommer erwartet er die Fürstin auf Schloss Branitz zurück. Schon im Herbst erleidet sie einen Schlaganfall und ist fortan an den Rollstuhl gefesselt. Von der Kleinen Saalstube aus kann die »Schnucke« auf Schlossteich, Rosenlaube und Park blicken. Unter ihrem Fenster lässt »Lou« das sogenannte Kronenbeet anlegen, dessen Mitte ein rosenumwundenes »S« schmückt …

Kunst ist das Höchste und Edelste im Leben,
denn es ist Schaffen zum Nutzen der Menschheit.
Nach Kräften habe ich dies mein langes Leben hindurch
im Reiche der Natur geübt.

Theodor Fontane
Erster Londonaufenthalt als Tourist

Ab April 1844 dient Theodor Fontane als Grenadier des Kaiser-Franz-Garde-Grenadier-Regimentes Nr. 2, das in der Berliner Neuen Friedrichstraße liegt. Als Einjährig-Freiwilliger wohnt er privat – zunächst in der Klosterstraße 64, ab Herbst in der Jüdenstraße 55. Zu seinen engeren Freunden zählen der schriftstellernde Leutnant Bernhard von Lepel und der junge Sprachforscher (Friedrich) Max Müller. Zum Dichten fehlt dem 24-Jährigen allerdings jede Inspiration.

Als Grenadier (1844)

Es krankt, seit des Gefreiten Schere
Mir meine Locken fortgeputzt,
Mein Flügelpferd an einer Schwere,
Als wär es mit mir zugestutzt.

Am 23. Mai 1844 döst Fontane in der Königswache (Schinkels Neuer Wache), Unter den Linden 4. Plötzlich stürmt sein Schulfreund Scherz herein.

Abb. 12 Potsdamer Bahnhof in Berlin

„Willst du mit nach England?", fragt er. *„Übermorgen früh."* Fontane glaubt seinen Ohren nicht zu trauen: Nach England, allen Ernstes? Da kommt bereits der Befehl zum Abmarsch in die Oberwallstraße. Nach der Ablösung bleiben nur wenige Stunden, um bei seinen Vorgesetzten um Urlaub zu bitten.

Zwei Tage darauf ist Fontane mit seinem Gönner auf dem Potsdamer Bahnhof, Königgrätzer Straße verabredet. Die noch junge Berlin-Potsdam-Magdeburger Eisenbahngesellschaft bringt beide zum Ausgangspunkt der durch die Vereinigte Hamburg-Magdeburger Dampfschifffahrts-Gesellschaft annoncierten Reise. Unterwegs erfährt der mit wenig Geld und dürftigem Gepäck ausgestattete Fontane, weshalb Hermann Scherz ausgerechnet ihn zum Begleiter erkoren hat: wegen seiner Kenntnis des Englischen. In *Ein Sommer in London* (1854) und seiner autobiografischen Schrift *Von Zwanzig bis Dreißig* (1898) gibt er das Erlebte wieder.

Endlich in der Domstadt Magdeburg angekommen (die Strecke Potsdam-Magdeburg wird erst im August 1846 fertiggestellt) stoßen die jungen Männer auf die übrige Reisegesellschaft, *„vorwiegend Breslauer und Leipziger Kaufleute, dazu etliche Tuchfabrikanten aus der Lausitz und dem Sächsischen Vogtlande, zwei Studenten und ein Advokat."* Der Elbdampfer »Courier« bringt sie am Pfingstsonntag in die Freie und Hansestadt Hamburg. Am selben Abend geht es mit der »Monarch«, einem in die Jahre gekommenen Frachtschiff der General Steam Navigation Company, Richtung offenes Meer. Nach dem Frühstück steigt Fontane an Deck, um sich frische Luft um die Nase wehen zu lassen. Seine prekäre finanzielle Lage vergessend schreitet er vor zum Bug, schiebt die rechte Hand in den Rock und posiert *„wie der Sieger von Marengo selbst".* Bis ihn ein eigenartiges Gefühl in der Magengegend überkommt – die gefürchtete Seekrankheit!

Am nächsten Abend kommt Land in Sicht, nun kennt die Begeisterung keine Grenzen mehr: *„Das ist die englische Küste! Durch den Morgennebel schimmern die Türme von Yarmouth. Ein gut Stück Weges noch in der Richtung nach Süden, und die Themsemündung liegt vor uns. Da ist sie: Sheerneß mit seinen Baken und Tonnen taucht auf. Nun aber ist es, als wüchsen dem Dampfer die Flügel, immer rascher schlägt er mit seinen Schaufeln die hochaufspritzende Flut, und die prächtige Bucht durchfliegend, von der man nicht weiß, ob sie ein breiter Strom oder ein schmales Meer ist, trägt er uns jetzt, an Gravesend vorbei, in den eigentlichen Themsestrom hinein. Alles Große wirkt in die Ferne: wir fühlen ein Gewitter lange bevor es über uns ist; große Männer haben ihre Vorläufer, so auch große Städte. Gravesend ist ein solcher Herold, es ruft uns zu: London kommt!"* (In: *Ein Sommer in London,* 1854)

Als die Gesellschaft an der New London Bridge auf kleinere Boote verteilt wird, verlieren sich die Freunde aus den Augen. Fontane, *„von Jugend an ein abgeschworener Feind aller Ellbogenmanöver",* erhält ein Bett im nahe gelegenen Adelaide Hotel, einer Touristenherberge dritter Klasse. Erst vom Deck eines Pferdeomnibus erschließt sich die Erhabenheit der Metropole: *„Sie ist das Modell oder die Quintessenz einer ganzen Welt."* Der *tour guide* prahlt, auf London kämen zwölftausend Nachtwächter – mehr als das Königreich Sachsen Soldaten hätte! Der Ankömmling hört von Ordnung und Disziplin, von individueller Freiheit und industriellem Fortschritt. Die Lage der einfachen Menschen scheint der auf dem Kontinent zu ähneln ...

„Die Geschichte der arbeitenden Klasse in England", so Friedrich Engels, *„beginnt mit der Erfindung der Dampfmaschine und der Maschinen zur Verarbeitung der Baumwolle. Diese Erfindungen gaben bekanntlich den Anstoß zu einer industriellen Revolution, einer Revolution, die zugleich die ganze bürgerliche Gesellschaft umwandelte und deren weltgeschichtliche Bedeutung erst jetzt anfängt erkannt zu werden. England ist der klassische Boden dieser Umwälzung, die um so gewaltiger war, je geräuschloser sie vor sich*

ging, und England ist darum auch das klassische Land für die Entwicklung ihres hauptsächlichsten Resultates, des Proletariats. Das Proletariat kann nur in England in allen seinen Verhältnissen und nach allen Seiten hin studiert werden." Das Buch Die Lage der arbeitenden Klasse in England (Leipzig 1845) verdankt seinen Erfolg der Verbindung historischer Ereignisse mit persönlichen Erlebnissen.

Das Besichtigungsprogramm lässt kaum Wünsche offen: Vormittags wird die Stadt „abgesucht", nachmittags stehen Partien in die Umgebung auf dem Plan. Westminster Palace ist 1834 abgebrannt, so bleibt von den Parlamentshäusern nur Westminster Hall. Unweit davon befindet sich die imposante Krönungskirche Westminster Abbey.

Flussabwärts erhebt sich der mächtige Tower. Das unter Wilhelm dem Eroberer errichtete Bauwerk blieb 1666 von dem Großen Feuer verschont, aber 1841 gerieten selbst die Kronjuwelen in Gefahr. Was von der Burganlage übrig geblieben ist, gleicht einem „rußigen Bergwerk". Nach jahrhundertealtem Zeremoniell öffnen sich die Tore. Dahinter warten Yeoman Warders (im Volksmund »Beefeaters« genannt) gähnend darauf, Touristenscharen in einen romantischen Schauer zu versetzen. Nirgendwo liegen höchster Glanz und tiefste Schmach so nah beieinander. Wohl dem, der heute nur davon hören oder lesen muss!

Wenige Meilen entfernt befindet sich der Tunnel unter der Themse. So kühn das Bauwerk erdacht und ausgeführt worden ist, hinterlässt es doch nur den Eindruck „als schritte man durch einen etwas verlängerten Festungstorweg". Die Besucher erfahren, nach wiederholten Überflutungen sei der Thames Tunnel zugemauert worden. Erst am 25. März 1843 erfolgte die offizielle Eröffnung des als achtes Weltwunder gefeierten Unterwassertunnels.

Eine längerer Ausflug führt über Richmond Park und Kew Gardens zum College von Eton und schließlich nach Windsor Castle. „Der Zauber dieses imponierenden Schlosses, mit seinem noch aus der Zeit Wilhelms des Eroberers herrührenden mächtigen Rundturm, verfehlte nicht eines großen Eindruckes auf mich", erinnert sich Fontane. „Ich kam aber nicht in die Lage, mich auf lange hin davon beherrschen zu lassen, weil ein zufälliges Ereignis, das der Tag [wahrscheinlich der 5. Juni] gerade mit sich führte, meine Aufmerksamkeit von den baulichen Herrlichkeiten rasch wieder abzog.

Mit einem Male hörten wir in der Ferne Stimmen und Hurraruf, und neu-gierig auf das dicht neben uns laufende weite Blachfeld hinaustretend, sahen wir von fern her eine Kavalkade herankommen, allen vorauf drei Reiter, von denen zwei die hellleuchtenden roten Röcke der englischen Militärs trugen, während zwischen ihnen, in fremdländischer Uniform, eine mächtige, die beiden andern weit überragende Gestalt einhersprengte. Sie kamen von einer Revue, die weiter hinauf stattgefunden haben mochte. Jetzt aber waren sie heran, und auf ganz kurze Distanz sahen wir sie an uns vorüberstürmen. Die beiden links und rechts waren Prinz Albert und der Herzog von Cambridge [tatsächlich König Friedrich August II. von Sachsen], zwischen ihnen aber ragte Zar Nikolaus auf, in allem das Bild der Macht, der ungeheuren Überle-genheit, die großen Augen ernst und doch auch wieder nicht ohne Wohlwol-len auf uns arme, ihm salutierende Kerle gerichtet. An der oberen Seite des Feldes aber, da, von wo die Reiter herkamen, wurden jetzt, in breiter Front, die Coldstream- und schottischen Füsilier-Garden sichtbar, dieselben Batail-lone, die zehn Jahre später den »Redan« vor Sebastopol erstürmten und das ihre dazu beitrugen, das stolze Leben des damaligen europäischen Machtha-bers vor der Zeit zu brechen."

Südwestlich von Richmond befindet sich Hampton Court Palace, eines der Hauptwerke des spätgotischen Tudorstils und des englischen Barock mit Park- und Gartenanlagen. Im älteren Teil erwartet die Besucher viel Historie, im neueren eine umfangreiche Gemäldegalerie. Die Sammlung hat keinen Weltruf, es ist eher *„ein Revueabnehmen über die Träger der Geschichte".* Ein kleines Bildnis von der Hand eines unbekannten Künstlers erregt Fonta-nes Aufmerksamkeit: *„Ein eigentümlich schwermütiger und, ohne schön zu sein, ungemein anziehender Nonnenkopf – ebenso Tracht und Kopfbeklei-dung ganz nach Art einer Konventualin."* Es kann sich nur um Maria Stuart handeln, und zwar aus der Zeit, als die *„Holdselige"* in einem französischen Kloster erzogen worden ist. Da Fontane für die einstige Königin von Schott-land schwärmt, ist jedes Indiz willkommen.

Ein zweitägiger Ausflug führt ins Seebad Brighton, wo der befreundete Apotheker Hermann Schweitzer seinen Gast darin bestärkt nach England auszuwandern. In *Ein Sommer in London* (1852) wird diese Begebenheit lite-rarisch verarbeitet: Im Adelaide Hotel wird der Erzähler von einer Stamm-tischrunde ins Gespräch gezogen.

Man ist amüsiert, wie sich der Preuße, ohne recht Englisch sprechen zu können, so gut es eben geht „durchradebrecht". Mr. Burford, ein gemütlicher Fünfziger, lädt ihn zu einem Glas Sherry und für den nächsten Sonntag in seine Villa ein. Schnell wird die Reiseroute besprochen: Von Victoria Station mit der London and Croydon Railway (L&CR) bis Anerley Station, von dort kaum eine halbe deutsche Meile zu Fuß. Als Fontane am frühen Sonntagmorgen aus dem Zug steigt, wähnt er sich in einem riesigen Park. Alle hundert Schritt bietet sich ein anderes Bild, mehr als manche Tagesreise durch die Niederungen der märkischen Heimat. Als er das Ziel erreicht, ist Mr. Burford eben dabei „in Aquarell-Manier" einen besonders schönen Teil seinen Blumengartens „aufzunehmen". In einer Art Vorhalle stellt er den Gast seiner Familie vor.

„Keine Spur von Verlegenheit war wahrzunehmen, nichts von Wirtschaftsschreck. In unserem guten Berlin, wenn solcher Überfall stattfindet, ist es, innerhalb der gesellschaftlichen Mittelsphäre, nur ganz wenigen gegeben, Kontenance zu bewahren. Man wolle dies nicht auf die beständig als Entschuldigung geltend gemachten »Verhältnisse« schieben – so schlimm liegen diese »Verhältnisse« nicht mehr; wir sind nur einfach in Bezug auf alles, was Repräsentation angeht, schlechter erzogen und haben nicht Lust, uns, um irgendeines beliebigen Fremden willen, zu genieren. Das geschieht erst allenfalls, wenn es einen Vorteil mit sich bringt. Wir lassen nach der Seite hin viel zu wünschen übrig. Was immer die Fehler der Engländer sein mögen, in diesem Punkte, wozu sich noch manch andere gesellen, sind sie viel liebenswürdiger."

Nach einer „glänzenden Mahlzeit" wird mit Champagner auf Germany und Waterloo „getoastet". Das deutsche „Anklingen mit den Gläsern" hätte gegen die Landessitte verstoßen. Man unternimmt einen Ausflug, nach dem Tee wird musiziert. Auch Fontane gibt zwei Gesangseinlagen – angeblich die einzigen in seinem Leben. Als der älteste Sohn der Familie „herausfühlt", dass sich der Gast für Literatur und Theater interessiert, fängt er an, im Stile von (William Charles) Macready, des damals berühmtesten Shakespeare-Darstellers, aus Macbeth (1606) und Hamlet (1609) zu deklamieren. „Er schnitt unglaubliche Gesichter dabei, machte es aber im übrigen ganz gut." Glücklich, so viel Ungezwungenheit und Liebenswürdigkeit erfahren zu haben, schläft Fontane in dem mit englischem Komfort eingerichteten Gästezimmer ein. Ob Hermann Scherz ihn vermisst?

Erst als die Keller der East India Docks zu einer Weinprobe laden, sehen sich die beiden wieder. Unter der wogenden City erwartet die Teilnehmer jener *„Lustreise"* eine Szenerie, die Auerbachs Keller in Leipzig gleichkommt, nur dass statt Tokaier hier reichlich Port und Sherry fließen. Als die Freunde das Tageslicht wiedersehen, scheinen ihnen Menschen und Häuser wie zum Abschied zuzunicken. Nach 43-stündiger Überfahrt erreichen sie am 8. Juni wohlbehalten Hamburg.

Drei Tage später ist Fontane zurück in Berlin, wo er von Max Müller bereits neugierig erwartet wird. Bei einer Satte saurer Milch im Garten des Gasthofs Hofjäger, Königgrätzer Straße 121 (Kreuzberg) gibt der Englandreisende seine Erlebnisse zum besten. Max Müller studiert an der Friedrich-Wilhelms-Universität Sanskrit, im folgenden Jahr wird er nach Paris wechseln, im Juni 1846 nach London. Die preußische Gesandtschaft und die East India Company wollen sein Publikationsprojekt fördern, das Sprungbrett für die Karriere an der Universität Oxford.

Fontane weiß nicht, ob er den Freund jemals wiedersehen wird. Er reitet sein *„Flügelpferd"* und reimt Verse im Stile Lord Byrons. Die mythische Ballade *Der Tower-Brand* (1844) entsteht. Die Verse *„Wenn's im Tower Nacht geworden, wenn die Höfe leer und stumm, Gehn die Geister der Erschlagnen in den Corridoren um ..."* entfachen im Sonntagsverein Tunnel über der Spree einen wahren Begeisterungssturm. Die Ballade wird mit »sehr gut« bewertet, damit ist die künftige Richtung des Poeten vorgegeben.

London hat jetzt mehr als 2 Millionen Einwohner, Berlin immerhin 350 000. Mit der Zahl der Fabriken erhöht sich der Zuzug aus Pommern, Mecklenburg, Sachsen und Schlesien – mit zunehmendem Wohlstand verschärfen sich die sozialen Konflikte. Wer auf dem Laufenden bleiben will, geht ins Café Stehely am Gendarmenmarkt oder in die d'Heureusesche Konditorei am Köllnischen Fischmarkt. *„Sammelort der feinen Bummler, der Literaten, Politiker und Kaufleute"* ist die Konditorei Spargnapani, Unter den Linden 50. Literarisch Ambitionierte treffen sich darüber hinaus in einem der Dichtervereine.

Im September 1827 gründete sich „Der Sonntags-Gesellschaft Tunnel über der Spree". Der Journalist und Satiriker Moritz Gottlieb Saphir (Tunnel-Name Aristophanes) legte Wert auf den männlichen Artikel, um nicht in den

Verdacht zu geraten, die Operndiva Henriette Sontag wäre gemeint. Natürlich spielt der Name auf das technische Wunder unter der Themse an. Das Motto des späteren Sonntags-,,Vereins" lautet ,,unendliche Ironie und unendliche Wehmut", als ihr Schutzpatron fungiert Till Eulenspiegel. An wechselnden Sitzungsorten debattiert man das Tagesgeschehen, beklagt den Zustand der Vereinskasse oder feiert Stiftungsfeste. Vor allem diskutiert man die unendliche Zahl eingereichter ,,Späne" (Entwürfe).

Am 29. September 1844 erfolgt die offizielle Aufnahme Fontanes alias Lafontaine in den Tunnel über der Spree. Andere Tunnel-Poeten geben sich Namen wie Anakreon (Friedrich Eggers), Campe – der Caraibe (Louis Schneider), Immermann (Wilhelm von Merckel), Lessing (Franz Kugler), Hölty II. (Paul Heyse), Metastasio (Karl Bormann), Schenckendorf (Bernhard von Lepel), Cook – der Dichter (Christian Friedrich Scherenberg) oder Engel (Friedrich Witte) … 1850 stößt Adolph Menzel alias Peter Paul Rubens hinzu, 1852 als „Rune" (Gast) Theodor Storm alias Tannhäuser.

Nach dem *Tower-Brand* (1844) finden weitere Balladen, darunter *Der alte Derffling* (25. Oktober 1846) oder *Der alte Zieten* (18. April 1847), die Akklamation des Tunnels und machen den Namen Fontane bekannt. Zu seinem 70. Geburtstag wird sich Hölty II. an ihre erste Begegnung erinnern:

Da ging die Tür, und in die Halle
Mit schwebendem Gang wie ein junger Gott
Trat ein Verspäteter, frei und flott,
Grüßt' in die Runde mit Feuerblick,
Warf in den Nacken das Haupt zurück,
Reichte diesem und dem die Hand
Und musterte mich jungen Fant
Ein bißchen gnädig von oben herab,
Daß es einen Stich ins Herz mir gab.
Doch: D e r ist ein Dichter! wußt' ich sofort.

Silentium! Lafontaine hat's Wort.

Der schriftstellernde Apotheker

Heinrich Theodor Fontane wurde am 30. Dezember 1819 als Sohn des Apothekers Louis Henri Fontane und dessen Frau Emilie in Neu-Neuruppin (Mark Brandenburg) geboren. Nachdem dem Vater die Spielschulden über den Kopf gewachsen waren, musste die Löwen-Apotheke verkauft werden. Die Familie zog nach Swinemünde um. 1832 kehrte Theodor nach Neu-Ruppin zurück, um die Quarta (den siebenten Jahrgang) des Friedrich-Wilhelms-Gymnasiums zu besuchen. 1833 wechselte der junge Fontane an die Friedrichswerdersche Gewerbeschule nach Berlin. In der Burgstraße 18 schaute er nicht nur dem Lauf der Spree nach, er träumte auch von den Helden der Romanciers Sir Walter Scott, Charles Dickens und James Fenimore Cooper. Zu eigenen dichterischen Versuchen beflügelte Adelbert von Chamissos Ballade *Salas y Gomez* (1829). Zu Ostern 1835 zog Theodor mit seinen Pensionseltern in die Große Hamburger Straße 25. Hermann Scherz, der Sohn eines Gutsbesitzers aus Kränzlin (Kreis Ruppin), wurde sein Mitbewohner und Freund auf Lebenszeit.

Fontane sollte in die Fußstapfen seines Vaters treten. Mit dem Einjährigen-zeugnis in der Tasche trat der „junge Herr" am 1. April 1836 eine Lehre in der Apotheke Zum Weißen Schwan, Spandauer Straße/Ecke Heidereutergasse an. Deren Prinzipal Wilhelm Rose gab seine Reiseerlebnisse gern an *„junge und zum Teil recht hübsche Professorenfrauen"* weiter. So erfuhren sie *first-hand,* was in London das Annähen eines Knopfes kostete.

Vor Ablauf der Lehrzeit wurden Fontane vom Stadtphysikus Dr. Natorp *„sehr gute Kenntnisse in Chemie, Pharmacie, Botanic und Latinitaet"* bescheinigt. Der Apothekergehilfe – nun „Herr Fontane" – blieb aber weitere neun Monate in der Roseschen Apotheke und verdiente sein Geld mit dem langwierigen Kochen eines Quecken-Extrakts (Extractum Graminis), das sein Prinzipal fassweise nach England, bevorzugt in das Seebad Brighton, exportierte. Konnte es schönere Gelegenheit zum Dichten geben?

Nächste Station war die Adler-Apotheke von Dr. August Theodor Kannenberg in Burg (Provinz Sachsen), wo *„viel Arbeit, Kälte und Hunger, aber wenig Kultur"* Anlass zum Dichten boten. An seinem 21. Geburtstag trat Fontane die Rückreise an. Kaum in Berlin angekommen, fesselte ihn Nervenfieber sieben Wochen lang ans Bett.

Ostern 1841 zog es den dichtenden Apothekergehilfen nach Leipzig. In der Apotheke Zum Weißen Adler, der der geschäftstüchtige Unternehmer Ludwig August Neubert vorstand, arbeitete er als zweiter Rezeptar (für die Medikamentenherstellung Verantwortlicher). Sächsische Meinungsfreiheit und sonntägliche *„Schlachtfeldwanderungen"* inspirierten den Poeten zu seinem Brevier *Gedichte eines Berliner Taugenichts*. Mit Eichendorffscher Romantik hatten diese Verse nichts gemein. Fontane widmete sie Georg Herwegh, dessen *Gedichte eines Lebendigen*. *Mit einer Dedikation an den Verstorbenen (1841)* auf die Ambitionen des *„toten Ritters"* von Pückler-Muskau zielten:

> *(1) O Ritter, schlechter Ritter,*
> *Leg' Deine Lanze ein!*
> *Sie soll in tausend Splitter*
> *Von mir zertrümmert sein.*
> *Lass' ab, lass' ab und spähe*
> *Nicht nach der Wüste Sand!*
> *Ich setze in der Nähe*
> *Dich in Dein Vaterland.*

> *(3) Dem Reich der Mamelucken*
> *Weissagst du Auferstehn*
> *Und sähest ohne Zucken*
> *Dein Vaterland vergehn;*
> *Doch wiegtest unter Palmen*
> *Du dein Prophetenhaupt,*
> *Wenn nicht aus unsern Halmen*
> *Du erst dein Gold geraubt?*

Die Lyrik Herweghs, von Heinrich Heine *„eiserne Lerche"* getauft, stand für die Aufbruchstimmung im sogenannten Vormärz. Seine Anhänger veröffentlichten ihre Arbeiten in *Die Eisenbahn. Ein Unterhaltungsblatt fuer die gebildete Welt.* Tonangebend im Herwegh-Klub war der jüdische Journalist Wilhelm Wolfsohn, der Fontane – obwohl er dessen anglophile Neigung kannte – mit russischer Literatur bekanntmachte. Eine persönliche Begegnung Fontanes mit Herwegh ist nicht bekannt. 1843 erschien in Zürich der zweite Band *der Gedichte eines Lebendigen,* der aber nicht an den Erfolg des ersten anknüpfen konnte. Für die politische Lyrik jener Zeit hatte Fontane später nur ein Lächeln übrig: Worte und Taten unterschieden sich doch sehr.

Von der Kunststadt Dresden hatte Fontane in seiner Schulzeit gehört. Am 1. Juli 1842 wurde der 22-Jährige am Dresdner Neumarkt vom weisen König Salomon begrüßt, einer Sandsteinfigur, die den Giebel der Salomonis-Apotheke schmückte. Deren Inhaber Gustav Adolph Struve produzierte in der Seevorstadt künstliches Mineralwasser, während Fontane am Neumarkt 8 in *„aufopfernder Tätigkeit"* Medikamente herstellte.

Wilhelm Wolfsohn erfuhr aus erster Hand von den *„literarischen Nach-barn",* die nebenan im Hôtel de Saxe logierten: *„Als Licht erster Größe macht sich der Fürst Pückler bemerklich, der hier in Sehnsucht seines Schnelläufer's Mensen Ernst [am 11. Mai 1842 ist der Schnellläufer aufge-brochen] harrt, der im Auftrage seines Herrn die Quellen des Nil entdecken und eine Wasserprobe mitbringen soll, damit die Tutti frutti's des Verstorbe-nen einmal mit einer neuen Sorte Wasser aufwarten können. Durch die Ab-wesenheit seines Lieblings [Machbuba] ist die Menagerie fremdländischer Geschöpfe um ein wesentliches Mitglied vermindert worden; er begnügt sich jetzt mit einem Mohren, und einem Russen, da der Pair [von Waldegrave] von England der eine Etage höher wohnt, die Galerie von Merkwürdigkeiten – trotz der vortheilhaftesten Anerbietungen – nicht vermehren will. – Die Lanze, die der edle Fürst verabsäumt hat gegen H. einzulegen, wird wieder fleißig in das Schwarze Meer getaucht; kein Wunder, wenn wir nächstens einiger eklatanter Anschwärzungen gewahr werden."*

Verständlicherweise mied der Apothekergehilfe das noble Hôtel de Saxe. Nach Feierabend zog es ihn zum Terrassenufer über der Elbe. In der Kleinen Fischergasse (Brühlsche Gasse) besuchte Fontane eine Schankwirtschaft und bändelte mit Augusta Freygang an (B. W. Seiler), der sieben Jahre älteren Tochter des Wirtes. Zu Ostern 1843 verließ er die Elbestadt und begab sich Richtung Oderbruch, *„wo jedes Haus drei, auch vier Storchennester trug".*

In Letschin, von Wolfsohn *„zweites Klein-Sibirien"* genannt, arbeitete Fontane in der väterlichen Apotheke als Defektar (für die Medikamentenbevorra-tung Verantwortlicher). In der Freizeit standen Geschichte, Mathematik und Algebra auf dem Plan, denn er wollte sein Abitur nachholen und danach ir-gendetwas studieren. Um seine *„gelangweilte Seele an andrer Speise zu er-quicken",* griff er zu Lord Byrons Versepos *Childe Harold's Pilgrimage* (1812/18) oder übersetzte Shakespeares *Hamlet* (1609): *„Sein – oder nicht sein! – ja, das ist die Frage."* Apothekerwaage oder Schreibfeder ...?

Abb. 13 London Bridge

Abb. 14 Theodor Fontane um 1843

Apothekerwaage oder Schreibfeder ...?

Im April 1845 – nach einjährigem Militärdienst – kehrt Theodor Fontane ins zivile Leben zurück, doch die Bewunderung für die preußischen Helden bleibt dem Korporal d. R. bis ans Lebensende erhalten. Nach erneutem Aufenthalt in Letschin (Oderbruch) wird er ab 4. Juli 1845 als zweiter Rezeptar in Berlin tätig. Inhaber der an der Friedrichstraße/Ecke Mittelstraße gelegenen Polnischen Apotheke ist der Medizinalrat Dr. Julius Eduard Schacht. Zu jener Zeit lernt Fontane den Apothekerlehrling Friedrich Witte (Tunnel-Name Engel) kennen und begegnet Emilie Rouanet-Kummer wieder – einer *„verhübschten"* Freundin aus Jugendtagen. Emilie ist ein eher südländischer Typ mit dunklen Augen, Theo blond gelockt und von ansehnlicher Größe. Am Abend des 8. Dezember begleitet er die selbstbewusste junge Frau nach Hause. Auf einer Brücke über der Spree (der Weidendammer Brücke) kommt ihm *„der glücklichste Gedanke seines Lebens"*: Er macht Emilie einen Heiratsantrag. Die als *„leidenschaftlich"* bezeichnete Verlobungskorrespondenz ist leider nicht erhalten geblieben.

Wilhelm Wolfsohn erfährt zu Beginn des neuen Jahres, sein Freund sei *„jetzt unter anderen auch verlobt"*. Als sich Wolfsohn nach dem Interesse des Berliner Publikums an Literaturvorträgen erkundigt, erfährt er: *„Berlin ist groß und wimmelt zu allen Zeiten von Literaturfreunden beiderlei Geschlecht's; dilletierende Lieutenants, Studenten mit erster Liebe und poetischen Frühgeburten, sentimentale Jungfrauen im Schillerstadium, und emancipationssüchtige mit der George Sand auf der Lippe und der Hahn-Hahn in der Tasche – füllen hier bald einen Hörsaal."* Im Hôtel de Russie, Platz an der Bauakademie 1 hält Wolfsohn im Februar 1848 einen Vortrag zu Luther und Lessing. Es wird sein einziger bleiben.

Am 30. Juni 1846 scheidet Fontane mit einem tadellosen Zeugnis aus der Polnischen Apotheke aus. In den folgenden Monaten laboriert er unter dem Privatdozenten Franz Leopold Sonnenschein, ebenso bei seinem Vater in Letschin. Am 2. März 1847 erhält er die begehrte Approbation als »Apotheker erster Klasse« – die Befugnis zum Führen einer Apotheke in den Königlichen Landen. Doch ohne Vermögen ist an ein eigenes Geschäft nicht zu denken. Auch seine Verlobte muss warten.

Nach den Missernten der letzten Jahre steigen die Preise, soziale Unzufriedenheit und Verelendung sind die Folge. Hoffnung verspricht die Thronrede Friedrich Wilhelms IV. zur Eröffnung des ersten Vereinigten Landtags am 11. April 1847. Das vom König erwähnte Beispiel *„des Einen glücklichen Landes, dessen Verfassung die Jahrhunderte und eine Erbweisheit ohne Gleichen"* gemacht habe, wird allgemein als Aufruf gewertet, England nachzueifern. Dass der Monarch das Großherzogtum Mecklenburg gemeint hat, bleibt Fontane lange Zeit verborgen. Für ihn ist die Rede Ansporn, dem *„Erbweisheitsland"* England, *„der Freiheit Hort und Haus",* seine Werke zu widmen und das deutsche Wesen daran zu messen.

Zum 1. Oktober tritt er die Stelle als Erster Apotheker in der Jungschen Apotheke zum Schwarzen Adler, Neue Königstraße/Ecke Georgenkirchplatz an. Unweit des Alexanderplatzes ist er mit der Herstellung von Lebertran beschäftigt, denn die Kinder der Ärmsten leiden an Rachitis, der sogenannten Englischen Krankheit. Da die Apotheken das Stärkungsmittel unentgeltlich abgeben, wird es häufig als Lampenöl zweckentfremdet.

Die Zeichen der Zeit werden in Berlin lange nicht ernst genommen. Der preußische König sei nur darauf bedacht, sein Ideal, aber nicht die Ideale seines Volkes zu verwirklichen, schreibt Fontane. *„Eine Regierung hat nicht das Bessere bzw. das Beste zum Ausdruck zu bringen, sondern einzig und allein das, was die Besseren und Besten des Volkes zum Ausdruck gebracht zu sehen wünschen. Diesem Wunsche hat sie nachzugeben, auch wenn sich darin ein Irrtum birgt."* Nach der Pariser Februarrevolution fordern die Berliner die Freiheit der Presse und weitere demokratische Zugeständnisse.

Am 18. März 1848 bejubelt das Volk das Verfassungsversprechen des Königs. Als revolutionäre Parolen laut werden, lässt Prinz Wilhelm Friedrich vor dem Stadtschloss Truppen aufmarschieren. Zwei Schüsse sind der Auslöser für den Bau von Barrikaden. Fontane schließt sich den *„Arbeiterhaufen"* an: Schande jedem, der zwei Fäuste hat und sie pomadig in die Hosentaschen steckt! Am Ende sind auf beiden Seiten 270 Gefallene zu beklagen, doch die Unentschlossenheit des Königs hat Schlimmeres verhindert. Am 19. März verkündet der Monarch seine Proklamation *An meine lieben Berliner.* Die Bürger fallen diesmal nicht auf die Versprechungen herein und fordern den Abzug des Militärs.

Friedrich Wilhelm IV. warnt sowohl vor der inneren als auch vor der äußeren Gefahr. Deutschland könne sich nur durch die *„Vereinigung der deutschen Fürsten und Völker unter einer Leitung"* retten, mahnt der König, und zeigt sich mit schwarz-rot-goldener Schärpe in den Straßen der Hauptstadt. Sein Bruder Wilhelm Friedrich, der wegen der (versehentlich?) abgefeuerten Schüsse den Beinamen »Kartätschenprinz« erhält, flieht am 22. März via Cuxhaven nach London und verbringt drei Monate unter dem Schutz der englischen Krone.

Am 1. Mai 1848 hält Fontane eine *„glänzende"* politische Rede und nimmt an sogenannten Wahlmännerversammlungen teil, aus deren Mitte ein Abgeordneter für die Preußische Nationalversammlung zu wählen ist. Er selbst kann sich ein freies Volk in einer reformierten Monarchie vorstellen. Am 31. August 1848 publiziert die *Berliner Zeitungs-Halle* seinen Aufsatz *Preußens Zukunft*. Darin fordert Fontane die Auflösung der 37 Fürstentümer als Voraussetzung für einen einheitlichen Nationalstaat. Drei weitere Aufsätze folgen. Die Frage „Reform oder Revolution?" erregt die Gemüter und entzweit den Tunnel über der Spree. Dessen sonntägliche Sitzungen werden bis auf Weiteres eingestellt.

Abb. 15 die Fontane Apotheke im ehemaligen Krankenhaus Bethanien

Emilie Fontane will ihren Sohn aus der Schusslinie nehmen. Auf ihn wartet eine befristete Stelle in dem am Rande des Köpenicker Feldes gelegenen Krankenhaus Bethanien (Mariannenplatz 2, gegenüber der Muskauer Straße). Seinem Freund Lepel, den er ab jetzt mit dem vertraulichen Du anredet, schreibt Fontane, ein Sonnenstrahl des Glücks habe ihn getroffen: 20 Taler pro Monat, Kost und Logis frei!

Der aus einem vorpommerschen Adels- und Offiziersgeschlecht stammende Bernhard von Lepel (Schenckendorf) kam 1836 nach Berlin zurück, wo er dem Wunsch des Vaters gemäß die militärische Laufbahn einschlug. Seine tatsächlichen Interessen lagen auf künstlerischem Gebiet, so dass er ein *„treues und ausdauerndes"* Mitglied des Tunnels über der Spree wurde. Nach dem dänischen Feldzug vom Mai 1848 legt der Premier-Lieutenant die Uniform ab und beobachtet das Geschehen als *„guter Ehegatte und zweifelhafter Poet"* von seinem Bellevue genannten Köpenicker Schlösschen aus. Fontane schätzt Lepels poetische Gewandtheit, seine humorvolle Geselligkeit und die den Briefen beigelegten *„Läppchen"*. Mit den folgenden Zeilen gratuliert ihm Lepel am 19. September 1848 zu seinem Glück:

Bethania! Bethania!
Heil dir, das mich befreit;
Quartier u. Essen hab ich da
Und für die Dichtkunst Zeit!

Fontane ist in jenen Tagen nicht zum Scherzen zumute. Während der Kammergerichtsrat Wilhelm von Merckel (Immermann) *Gegen Demokraten / Helfen nur Soldaten* (1848) dichtet, bittet er seinen Freund, ihm aus der väterlichen Rumpelkammer eine *„alte, aber gute Büchse"* zu überlassen. Lepel, der sich ebenfalls zur Niederschlagung des Aufstandes bekennt, lehnt Fontanes Ansinnen mit aller Entschiedenheit ab: *„Du warst erst ein Liberaler u Rationaler, dann ein gemäßigter Liberaler u machtest den Supranaturalisten Concessionen und nun bist du ein Republikaner u. im Übrigen vielleicht ein Heide geworden. Leb wohl und behalte lieb den alten Freund vL."* (schwarzgesiegelter Brief Lepels vom 22. September 1848).

Fontane bittet um Verzeihung, für die *„in höchster Aufregung, ohne Über-legung"* geschriebenen Zeilen.

Die Uneinigkeit der fortschrittlichen Kräfte lässt die Revolution scheitern. Am 2. November setzt Friedrich Wilhelm IV. ein reaktionäres Ministerium ein. Das Parlament wird aufgelöst und eine vom »Kabinett Brandenburg-Manteuffel« konzipierte Verfassung oktroyiert. Sechs Wochen später ver-hängt der General Friedrich von Wrangel den Belagerungszustand und lässt die Berliner Bürgerwehr entwaffnen. Fontane ist *„eines guten Ausgangs ge-wiss"* und verfasst das Gedicht *Vom braven Reitermann* (1848).

Das Central-Diakonissen-Haus Bethanien wurde von 1845 bis 1847 auf dem damals noch unbebauten Köpenicker Feld errichtet, das sich vom Schle-sischen Tor bis zum Kottbusser Tor erstreckte. Nach Plänen der Architekten Ludwig Persius und Theodor August Stein entstand in Hufeisenform eine Anlage mit zunächst 300 Betten, einer Schwesternschule und einem Waisen-haus – überragt von zwei 35 Meter hohen Türmen. Die Bildungseinrichtung wurde am 10. Oktober 1847 eingeweiht und zum Mutterhaus weiterer Häu-ser erhoben. Dank des mit Emilie Fontane befreundeten Pastors Ferdinand Schultz, von Fontane „dirigierender Minister" genannt, wird ihr Sohn per 4. November 1848 als Apotheker angestellt. Die Krankenhaus-Apotheke, in der er bis 30. September 1849 arbeitete, kann nach Absprache mit dem FHXB Friedrichshain-Kreuzberg Museum, Adalbertstraße 95a noch heute besich-tigt werden.

Fontanes *„Übersiedlung"* nach Bethanien findet ausgerechnet an jenem Oktobernachmittag statt, *„wo Bürgerwehr und Volk auf dem Köpenicker Fel-de herumbattaillierten".* Er arbeitet täglich zwei Stunden in der Apotheke. Gleich nebenan unterrichtet er zwei gelehrige Schwestern, *„die eine – ältere – in einen schwarzen Wollstoff [Emmy Danckwert], die andere [Aurelie von Platen], noch sehr jung, in blau und weiss gestreifte Leinwand gekleidet, beide in zierlichen weissen Häubchen",* in Pharmazie. Bereits am 10. Okto-ber unternimmt Lepel eine Entdeckungsreise nach Bethanien, diesem *„fernen Welttheil",* und findet seine Vermutungen bestätigt: Die Extreme berühren sich. Der aufrührerische Freund wohnt in einem apart gelegenen Häuschen.

Die Türschilder enthalten die Namen eines Dr. Bartels und eines Dr. Wald sowie den kollektiven Begriff *„Hausmädchen"*. Und Fontane? Von einer hübschen rotwangigen Pförtnerin erfährt Lepel, er könne den Apotheker beim Pastor Schultz finden. Ausgerechnet bei einem Geistlichen? Lepel sieht spaßeshalber von einem *„Denunciationsbericht"* bei der Äbtissin ab. Über den Aufenthalt Theodor Fontanes im Ärztewohnheim informiert eine Erinnerungstafel.

In Bethanien hat Fontane Muße für Studien zur englischen Revolution. Dem Dichter schwebt das Drama *Karl Stuart* vor – als Parallele zu den gegenwärtigen Ereignissen. Doch der aus dem 17. Jahrhundert stammende Stoff erweist sich als viel zu komplex. Am 1. März 1849 trifft Post aus Dresden ein: ein Aktenstück mit einer Zahlungsaufforderung. *„Denke dir"*, erfährt Lepel, *„Enthüllungen No II; zum zweiten Male unglückseliger Vater eines illegitimen Sprößlings. [...] Kann ich Dukaten aus der Erde stampfen? Meine Kinder fressen mir die Haare vom Kopf, eh die Welt weiß, daß ich überhaupt welche habe."* Dann zitiert er Shakespeare: *„O, horrible! O, horrible! most horrible!"* (Hamlet Act I, Scene 5) Fontane erkennt die Vaterschaft an und spottet über seine *„unglaubliche Leistungsfähigkeit, da wo sie füglicherweise zu entbehren wäre."* Seinen Kummer ertränkt er mit dem letzten gepumpten Groschen in Fein-Bitter, während Emilie weiterhin auf die versprochene Hochzeit wartet.

Als der Vertrag mit Bethanien am 30. September 1849 ausläuft, beschließt Fontane, die Apothekerwaage gegen die Schreibfeder einzutauschen und bezieht eine Chambre garnie (ein möbliertes Zimmer) unter dem Dach der Luisenstraße 12, wenige Gehminuten von der Charité entfernt. Künftig vom Dichten leben zu wollen, erscheint ihm *„so ziemlich das Tollste, was es gibt"*, aber er ist fest entschlossen, sein Leben *„auf den Vers zu stellen"*. Als jährliches Existenzminimum errechnet er Pi mal Daumen 400 Taler – *„zum Leben zu wenig, zum Sterben zu viel"*.

Wolfsohn vermittelt die Korrespondenz für die radikal-demokratische *Dresdner Zeitung*, es ist Fontanes erster Vertrag als Journalist. Die Gebrüder Katz in Dessau verlegen seinen Romanzenzyklus *Von der schönen Rosamunde* – für ein *„Lumpenhonorar"* von drei Louisdor (etwa 700 Euro).

Am 18. Dezember besucht Fontane seinen Förderer Wolfsohn in Dresden, wo sich beide – trotz *„schlechter Kassenbestände"* – von dem Künstler Adolph Diedrich Kindermann in Öl malen lassen. Dann eilt er weiter ins 26 Meilen entfernte Liegnitz, das wegen seiner Garten- und Waldparkanlagen auch „schlesische Gartenstadt" heißt. Zum Weihnachtsfest erhält seine Verlobte diesen Vierzeiler:

An Emilie.
Liebe dacht´ es, Liebe schrieb es.
Und wie viel ihm immer fehle,
Auch mit seinen Fehlern lieb´ es,
Als den Spiegel meiner Seele!

Emilie ahnt nicht, dass es sich um ein Widmungsgedicht handelt. Vier Monate später wird sie unter Tränen den dazugehörigen Romanzenzyklus und Theos Porträt in Händen halten. Der träumt immer mal wieder von einer *„Giftbude"*, doch allein der Traum ist lächerlich. Mit Korrekturen für den Bibliothekar Christian Friedrich Scherenberg (Cook – der Dichter) und Korrespondenzen für die *Dresdner Zeitung* hält sich Fontane über Wasser. *„Dies Wohlleben, gestützt auf Gesellschaften, Mittags- und Abendtische, gepumpte, geschenkt erhaltene und nur ausnahmsweise mal durch selbst verdiente Gelder, ist über alle Beschreibung jammervoll"*, klagt er Lepel am 11. Februar und bittet wiederholt um ein Darlehen.

Anfang April 1850 wird Wilhelm von Merckel (Immermann) *„Chef der ministeriellen Preßabteilung, des sogenannten Literarischen Bureaus"*. Da der Kammergerichtsrat wenig auf Standesunterschiede und Bildungsgrade gibt, bittet Fontane seinen Freund Lepel, *„alle Segel zu setzen"* und ihn bei Merckel zu empfehlen. Vorsichtshalber kündigt er der antipreußischen *Dresdner Zeitung* ...

Am 2. Juni wird er von Lepel eingeladen, Adolph Menzels hintersinniges Historiengemälde "König Friedrichs II. Tafelrunde in Sanssouci" (1850) zu besichtigen. Als Menzel, der zu jener Zeit vor allem *„die Fritzen-Welt"* wiedergibt, den Tunnel über der Spree verstärkt, hat sich Fontane dessen Kompositionstalent und Beobachtungsgabe längst zum Vorbild gemacht.

Zum 70. Geburtstag wird er dem nobilitierten Maler das Gedicht *Auf der Treppe von Sanssouci* (1885) schreiben.

Die Zeitungsnachrichten sind bestimmt von der Erhebung Schleswigs, Holsteins und Lauenburgs gegen die dänische Fremdherrschaft. Am 25. Juli 1850 unterliegt die schleswig-holsteinische Armee in der Schlacht von Idstedt. Der irische Journalist William Howard Russell, Frontberichterstatter der Times, berichtet von tausenden Verwundeten, die ihrem Tod entgegenfieberten. Erst das Londoner Protokoll vom 8. Mai 1852 – unterzeichnet von Großbritannien, Frankreich, Russland, Österreich und Preußen sowie Schweden und Dänemark – wird die dänische Herrschaft über die (eigenständigen) Herzogtümer und den vorläufigen Frieden vorläufig festschreiben.

Ende Juli 1850 reist Fontane mit der Eisenbahn via Hamburg nach Altona. Er möchte dem Kriegsschauplatz möglichst nahe sein und für die Sache der Schleswig-Holsteiner seine *„tapfre Feder"* ziehen. Am liebsten auch die Waffe – warteten zu Hause nicht seine Mutter und seine Verlobte … Im sicheren Altonaer Quartier erreicht ihn die Nachricht, er sei ab August *„mit monatlich vierzig Taler Diäten"* im Literarischen Kabinett angestellt. Jetzt können die Heiratspläne konkret werden!

Am 30. Juli erreicht seine Braut diese Depesche: *„Schleswig-Holstein aufgegeben. Wenn's dir paßt, im Oktober Hochzeit." – „Also Oktober!"*, kommt prompt die Antwort aus Liegnitz. *„Alle Verwandten, wie du dir denken kannst, haben lange Gesichter gemacht; aber niemand hat zu widersprechen oder auch nur abzuraten gewagt."* Aber vorher heiratet Theos Schwester Jenny den Apotheker Hermann Sommerfeldt, der die verschuldete Letschiner Apotheke weiterführen wird. Das Elternpaar Fontane lebt inzwischen getrennt: der Vater Louis Henri noch in Letschin, ab 1855 in Schiffmühle bei Bad Freienwalde (Oder). Die Mutter Emilie und Theos jüngere Schwester Elise wohnen in Berlin. Im April 1854 ziehen sie nach Neu-Ruppin, wo sie mietfrei im Predigerwitwenhaus wohnen werden. Die Fischbänkenstraße 8 ist heute Sitz der Karl-Friedrich-Schinkel-Gesellschaft e. V.

Vor dem Polterabend soll Bernhard von Lepel in die *„romanhafte Lebensgeschichte"* der Braut eingeweiht werden: Emilie ist die am 14. November 1824 in Dresden geborene Tochter der Predigerwitwe Thérèse Rouanet und des Schwadronchirurgen Georg Bosse. Dreijährig ist das uneheliche Kind *„für die Zusicherung einer namhaften Summe"* von der Familie des Berliner Globen- und Kartenfabrikanten Karl Wilhelm Kummer adoptiert worden. Emilies leibliche Mutter, inwischen verheiratete Triepcke, wohnt in Liegnitz. Hermann, Clara und Marie sind Emilies Halbgeschwister. Zur Vermeidung einer *Cronique scandaleuse* wird Lepel gebeten, die drei als Cousin und Cousinen zu betrachten.

Zum Polterabend überrascht Fontane seine Braut mit einem Morgenhäubchen und dem Gedicht *Wenn du erwachst aus sanfter Ruh ...* Am 16. Oktober, es ist der Gedenktag der Völkerschlacht bei Leipzig, findet in der Klosterkirche, Klosterstraße die Trauung statt. Um zwei Uhr nachmittags sind alle versammelt, nur der Vater des Bräutigams verspätet sich. Der Konsistorialrat Auguste Fournier flüstert Emilie ins Ohr: *„Es ist vielleicht von Vorbedeutung. Sie sollen warten lernen."* Das anschließende Gastmahl wird Bei Georges serviert, *„einem für Spargel und Kalbkoteletts angesehenen Lokal"* in der Bellevuestraße (damals Tiergarten). Anschließend beziehen die Neuvermählten die wenige Minuten entfernte Puttkamerstraße 6 (Kreuzberg) – ihre erste gemeinsame Wohnung.

Seine Ehe vergleicht Fontane mit dem Igel und seiner Frau aus dem Märchen *De Has un de Swinegel* (1840). Es ist ein gegenseitiges Sichhelfen, bei dem Emilie Außergewöhnliches zu leisten hat: Sie führt den Haushalt, bringt sieben Kinder zur Welt, verwendet sich während Theos Abwesenheit für ihn im Ministerium ... Sprichwörtlich sind Emilies Ordnungssinn und Sparsamkeit sowie ihre uneigennützige Hilfsbereitschaft.

Die Anfänge des Literarischen Kabinetts gehen auf den preußischen Staatskanzler Karl August von Hardenberg zurück, dessen Litterarisches Bureau bereits der Beobachtung der Presse diente. In der Schadowstraße 4 haben Fontane und weitere Mitarbeiter in- und ausländische Zeitungen auf liberale Inhalte zu überprüfen und möglichst unentdeckt Korrespondenzen in die lokale Presse zu lancieren. Am 19. Dezember 1850 wird Otto Theodor Freiherr von Manteuffel offiziell zum Präsidenten des Staatsministeriums und Minister der auswärtigen Angelegenheiten ernannt. Wilhelm von Merckel tritt von seinem Posten zurück. Das Literarische Kabinett wird aufgelöst, Fontane erhält die Kündigung.

Von 40 Talern Abfindung und belletristischen Artikeln lässt sich jedoch keine Familie ernähren. *„Vivat das deutsche Dichtertum und die Noblesse der Buchhändler!"*, möchte Fontane ausrufen und am liebsten *„dem Zeitungskram"* Lebewohl sagen. Als er sich um Unterstützung aus dem Fond für notleidende Künstler bewirbt, wird sein Ansinnen aufgrund leerer Schatullen abgewiesen.

König Friedrich Wilhelm IV., dem Fontanes *Preußenlieder* und andere *„poetische Versuche"* durch seinen Vorleser Ludwig Wilhelm Schneider (Campe – der Caraibe) bekannt sind, spricht sich für dessen Wiederverwendung im Staatsdienst aus.

Das Ehepaar Fontane macht aus der Not eine Tugend und eröffnet im Frühjahr 1851 eine Schülerpension. Schon zum nächsten Herbst wird die wenig lukrative Geschäftsidee wieder aufgegeben. Lediglich den Unterricht in Deutsch, Geschichte und Geografie setzt Theo auf Empfehlung des befreundeten Schulrates Karl Bormann (Metastasio) fort. Emilie rechnet Einnahmen gegen Ausgaben und versucht gute Laune zu verbreiten. Gelegentlich legt sich ihr Gesicht in Schmollfalten, denn auch ihre Kräfte haben Grenzen. Am 14. August, abends halb 12, schenkt sie einem kleinen Jungen das Leben. *„Das Wurm selbst ist"*, schreibt der stolze Vater an Lepel, *„seiner Stimme und seinen Strampeleien nach zu schließen, von durchaus gelungener, dauerhafter Darstellung."* Im gleichen Atemzug bittet er um 500 Taler für eine Studienreise ins schottische Edinburgh, sein nächstes literarisches Projekt.

Lepel appelliert an seinen Verstand: Die Recherche für historische Stücke sei mühsam, der zu erwartende Lohn gering!

Am 14. September wird der Kleine – dem Wunsch des Vaters entsprechend – auf den engl.-franz. Namen George Emile getauft. Zum Monatsende zieht die Familie mit dem Dienstmädchen Mine in die Luisenstraße 35 um. Drei Treppen hoch, Wand an Wand mit ihrem Untermieter Friedrich (Fritz) Witte, der nach abgeschlossener Apothekerlehre an der Friedrich-Wilhelms-Universität Naturwissenschaften studiert.

Wirtschaftliche Gründe zwingen den Familienvater ins konservative Lager zurückzukehren. *„Man kann nun mal als anständiger Mensch nicht durchkommen."* Am 1. November verdingt sich Fontane für monatlich 30 Taler bei der preußischen Centralstelle für Preßangelegenheiten in der Leipziger Straße 110, einer Nachfolgeeinrichtung des Literarischen Kabinetts, die unter der Leitung von Manteuffels Günstling Dr. Ryno Quehl steht. Als *„Scriblifax"* (Schreiberling) verfasst er nun Korrespondenzen für die *Preußische (Adler-) Zeitung* und sonstige Texte, die seinem Nachruhm weniger förderlich sind.

Abb. 16 The East Wing of Carlton House Terrace London um 1831

Zweiter Londonaufenthalt als Privatmann und Feuilletonist

32-jährig setzt Fontane alle Hebel in Bewegung, um erneut nach England und endlich nach Schottland reisen zu können. Als auswärtiger *„Feuilletonist oder politischer Correspondent"* könne er dazu beitragen, die Englandbegeisterung des deutschen Publikums zu dämpfen. Sechs Monate würden reichen, um auch seine Sprachfertigkeiten zu vervollkommnen. Am 22. Februar 1852 wird der Sonderurlaub genehmigt – allerdings beschränkt auf acht Wochen. Reise- und Aufenthaltskosten seien aus eigener Tasche zu bestreiten. Seine Frau werde ein monatliches Salair von 30 Talern erhalten, verspricht Dr. Quehl. Gegen Korrespondenzen über Großbritannien seien von der *Adler -Zeitung* weitere Bezüge zu erwarten.

Zur Finanzierung der Reise leiht sein Vater 200 Taler, der Tunnel-Verein und Hermann Scherz geben je 100 Taler. Aus der königlichen Schatulle wird *„behufs literarischer Studien"* ein Zuschuss von 50 Talern gewährt. Alexander von Humboldt lehnt die Bitte um Dotation von 300 Talern ab.

Die zweite Englandreise startet am 4. April 1852. Die Überfahrt soll von Ostende (Belgien) nach Dover erfolgen. Frei von Zwängen kann sich Fontane unterwegs Zeit lassen. Er besichtigt den Kölner Dom, besucht Verwandtschaft in Aachen und reist via Verviers nach Brüssel. In Antwerpen und Gent sieht er sich Kunstausstellungen an. Seine Frau versucht er mit solchen Zeilen aufzumuntern: *„Des Morgens beim Baden bin ich immer bei Euch und selbst des Nachts wenn ich aufwache, seh ich Minen in bekannter Attitüde an dem Dreihandtücherplatz wie sie sich quält, den schlafenden kleinen Fontane zu einer munteren Fontaine zu machen. Küsse mir das Kind und die gute Alte [seine Mutter] recht herzlich. Du aber schreibe bald Deinem Theodor."* Inzwischen besteht Gewissheit: Emilie erwartet das zweite Kind. Er verspricht, London Ende August wieder zu verlassen und ihr in der schwersten Zeit beizustehen. Sie trägt ihre Situation mit Fassung und äußert Verständnis für Theos Zwischenaufenthalte, könne man dem Glück doch überall begegnen.

Am Abend des 22. April erfolgt die Überfahrt nach Dover. Wie erwartet überkommt Fontane die Seekrankheit. Als er wieder festen Boden unter den Füßen hat, erkundigen sich im Custom House höfliche Beamte nach zollpflichtigen Waren.

Die Übernachtung erfolgt im Gun Hotel, bevor ihn die Eisenbahn via Folkstone nach London bringt. Anekdotenhaft überliefert ist die Begegnung mit einem *„blonden und rotbäckigen jungen Mann"*, einem unternehmungslustigen Gutsherrn aus Hessen-Kassel, der sich vor der Übernahme des väterlichen Erbes eine Grand Tour nach Paris und London gönnt. Da er des Englischen nicht mächtig ist, bittet er Fontane, sich seiner anzunehmen. Als Gegenleistung wolle er ihn zu einer einer preisgünstigen Unterkunft begleiten.

Das *„Heimatsgefühl"*, als ihr *cab* über die Waterloo Bridge in die City hinabrollt, lässt für einen Augenblick Frau und Kind und den flauen Magen vergessen. Von Ferne grüßt das Monument, das an das Große Feuer erinnert. Für die Zahlung eines Sixpence (bis 1980 im Umlauf befindliche Münze im Wert von sechs Pence) könnte das 202 Fuß (62 Meter) hohe Denkmal erklommen werden. Aber lohnt sich das? *„Wenn wir erst fliegen werden, dann wird das Zeitalter der Dächer gekommen sein; [...] und der Reisende mag dann Türme erklettern oder doch wenigstens auf ihnen – rasten"*, fantasiert Fontane.

Nach wenigen Minuten erreicht der Wagen Long Acre, eine *„rußige"* Straße in Covent Garden, und hält vor der Nr. 27. Zögernd tritt Fontane ein. Parterre findet er einen Ale- und Porter-Laden, darüber einen großen Saal, zwei Treppen hoch ein erbärmliches Fremdenzimmer. *„Sagen Sie, Bester, wo sind wir eigentlich?"*, wendet er sich an seinen Begleiter. Wie sich herausstellt, handelt es sich um ein *„Flüchtlings-Hôtel"* – nicht der richtige Ort für einen Mitarbeiter des Innenministeriums. Aber vorerst gibt es keine Alternative. Der hessische Wirt, ein Freund des jungen Gutsherrn und *„Eheherr einer blassen Engländerin"*, erweist sich als sein bester Gast. Sein *German Coffee House* ist Treffpunkt für sogenannte *forty-eighters* – deutsche und französische Intellektuelle, die in London Asyl gefunden haben. In dem Preußen, der sich freimütig zu seinen Ansichten bekennt, vermuten sie keinen ehemaligen Barrikadenkämpfer, sondern einen »Manteuffelianer«.

Mit *Adams's Pocket London Guide Book* erkundet der Ankömmling die Stadt, seinen *„Kaffe"* nimmt er im Verrey, Regent St. Der Besuch von Gottesdiensten in Westminster Abbey soll helfen, sein Hörverständnis zu verbessern. Bereits nach fünf Tagen finden sich in 14 Burton Street (heute South Eaton Place) zwei möblierte Stübchen für umgerechnet 44 Taler monatlich – Frühstück, Mittagbrot und Tee sowie den *„Clavierklimprer"* nebenan inklusive. Die Adresse nahe den renommierten Eaton Square Gardens erlaubt Empfehlungsschreiben abzusenden und auf Einladungen zu hoffen.

Der Arbeitstag des Korrespondenten beginnt morgens um acht. Noch im Bett ordnet er seine Gedanken, nach einer Stunde wird es Zeit für das Frühstück. Ab 11 Uhr wird geschrieben – nur unterbrochen durch „Kaminstökerei". Das geht so bis zum frühen Nachmittag. „Um 3 Uhr bin ich stumpf", schreibt er seiner Mutter, „ziehe mich an und laufe in die City, theils zum Zeitvertreib, theils um Briefe abzugeben, oder dies und das zu kaufen. Zwischen 5 und 6 krieg ich Hunger u. Durst, die ich beide durch ein Glas Ale im ersten besten Bierhaus (kostet 1 Sgr 8 Pf) lösche. Das Bier ist so nahrhaft, daß ich's nun wieder 2 Stunden mit ansehe. Gegen 7 Uhr bin ich wieder zu Haus und verzehre als dinner zwei Hammel-Cotlet's mit denen ich heut – weil ich mich fast gebrochen – für immer gebrochen habe [...] Um 8 Uhr fang ich an Briefe zu schreiben und eine kleine Theepause abgerechnet, schreib ich mich ins Bett hinein." Trotz der Verständigungsprobleme nimmt er sein Abendessen fortan im Hotel de l'Europe am Leicester Square ein.

Vorbei an Buckingham Palace und St. James's Park führt der Weg über die prächtige Mall nach Carlton House Terrace, den Sitz der preußischen Gesandtschaft. Beim ersten Besuch kommt Fontane nicht über das Vorzimmer hinaus, die erste Einladung zum *luncheon* geht verloren.

In 9 Carlton House Terrace residiert Christian Karl Josias Bunsen, der zuvor beim Heiligen Stuhl akkreditiert war. In Rom pflegte er den Umgang mit deutschen und englischen Intellektuellen, 1817 heiratete er die vermögende walisische Malerin Frances Waddington. Wegen des »Mischehenstreites« mit dem Vatikan musste Bunsen demissionieren, 1841 wurde er als Gesandter in London akkreditiert. Bunsen unterstützt die britische Reformerin Florence Nightingale und dringt auf Preußens Anschluss an die Westmächte. Sein Eintreten für eine evangelische Kirche nach anglikanischem Vorbild macht ihn zur Zielscheibe für die preußischen Presse. Im Juni 1854 bittet er um Entlassung, vier Jahre später wird ihn der König Friedrich Wilhelm IV. zum Freiherrn von Bunsen erheben.

Am 22. Mai gelangt die Einladung an die richtige Adresse. Christian Karl Josias Bunsen zeigt sich Fontane gegenüber freundlich, doch ist Vorsicht geboten: Der Gesandte sieht in ihm ebenfalls einen regierungstreuen Journa-

listen. Es werde schwierig sein, nicht zwischen die Fronten zu geraten, erfährt Emilie: *„Von Manteuffel aber leben und gegen ihn schreiben, wäre die
Steigerung der moralischen Ruppigkeit ..."* Fontane hat keine Hemmungen,
seiner Frau mitzuteilen, was in großbürgerlichen Kreisen zum *luncheon* (von
Bunsen als *„Frühmahl"* bezeichnet) aufgetragen wird: Bouillon, Roastbeef
mit Omelette, dazu Sherry. Außerdem Wildbretpastete, Schinken mit Spargel, Plumpudding, Weincrême, Apfelsinensalat und Portwein. Emilie läuft
das Wasser im Munde zusammen, aber in ihrem Zustand mag sie nicht an
solche Leckerbissen denken. Auf Theos Briefe antwortet sie recht kurz. Er
äußert Verständnis: *„Weiß ich doch, daß der Reiz Deiner Briefe aufhört, so
wie Du auf den zweiten Bogen kömmst."* Die nächste Post erbittet er *poste
restante*, denn ein erneuter Umzug steht bevor.

Die Freundschaft mit dem Sohn des Gesandten bewirkt weitere Einladungen und nützliche Kontakte. Fontane vertraut Dr. phil. Georg Bunsen an, in
England sein Glück machen zu wollen. Eine Anstellung als Hofmeister wäre
allerdings *„ziemlich bitteres Brot"* ...

Als zeitweilige Schülerin empfiehlt sich ihm Miss Jane Wight, die Tochter
eines kaufmännischen Angestellten, die ihre Kindheit und Jugend in
Deutschland verbracht hat. Als der Hauslehrer am Abend des 28. Mai in 10
Angel Terrace, Pentonville läutet, wird er bereits erwartet. Als erstes fällt
ihm Miss Janes vornehme weiße Hand auf, erst dann ihre schönen Augen.
Dahinter verbirgt sich ein trauriges Schicksal. Nach zwanzig Jahren *„halben
Glücks"* – ihr Vater hat in Deutschland alles verloren – sind beide zurückge-
kehrt. Doch der viktorianische Boom geht an ihnen vorüber. Miss Jane muss
sich mit Privatunterricht durchschlagen. *„Frühmorgens nach Kings-Croß,
um den Omnibus abzuwarten, spät abends heim mit dem Notenbuch unterm
Arm."* Wie viel dieser blassen, abgehärmten Gesichter begegnen Fontane
täglich!

Um zum Unterhalt beizutragen, unterrichten diese „Tagesgouvernanten"
Kinder der wohlhabenden Mittelschicht – oft mehrere gleichzeitig und ohne
jede pädagogische Ausbildung. In den folgenden fünf Wochen ist Miss Jane
die Schülerin. Bereits die erste Unterrichtsstunde bringt ihre Augen zum La-
chen und ruft auch bei ihrem Vater Erinnerungen wach: *„Bei Ihnen gibt es
Menschen und Herzen, aber dies England hat nur Beine und Börsen!"*

Plötzlich sehnt er sich nach Hofjäger und Frühkonzerten, nach Bierzelten und *Vossischer Zeitung* und ganz besonders nach dem Spargnapani! Konditoreien gibt es auch in London, aber sie verdienen den Namen kaum. *„Weder die 'Kuchenhäuser', in denen der Engländer stehenden Fußes seine Stachelbeertorte verzehrt, noch die 'Kaffeehäuser', in denen er hinter seiner Zeitung wie hinter einem Bettschirm sitzt, haben irgend etwas von dem Zauber unserer Konditoreien an sich, deren Reiz neben vielem andren, gewiß in der gleichmäßigen Pflege besteht, deren sich Körper und Geist an ihnen erfreuen",* seufzt Fontane und erinnert sich an den Ausspruch eines Franzosen: *„Der größte Segen alles Reisen ist der, daß man sein Vaterland wieder lieben lernt."*

Am Pfingstsonntag lockt die Sonne hinaus. Aber wohin allein? Emilies »Herzens-Theo« möchte den Apotheker Hermann Schweitzer in Brighton besuchen, gerät aber auf den falschen Bahnhof und entscheidet sich für eine Omnibusfahrt nach Richmond. Obwohl man dort an jeder Ecke Deutsch spricht (Landsmänner erkennt man am unrasierten Kinn), vermisst er seine »liebe Frau« und »Herzens-Mila«. Ihm fehlen auch die *„Kaffe und Theegesellschaften mit ihrem gemütlichen Geschwätz, es fehlen die Morgen-Konzerte und die Saure-Milch-Satten [Schüsseln], es fehlt der Tunnel ..."* Die malerischen Bilder von Richmond Park wirken beruhigend. Das Auge erquickt sich am Lauf der Themse, an samtenem Rasen, an den Blüten des Weißdorns. *„Sich lagern unter Ginsterbüschen und dann endlich heimkehren auf dem Steamer, der schlank und flink wie ein Fisch durch den Strom hingleitet – auch das ist Genuß, ist Freude."* All das hätte der »liebe Theodor« und »Herzens-Mann« seiner Emilie gern gezeigt. Und er rechnet ihr vor, womit eine kleine Familie auch in London ihr Auskommen hätte.

Emilie will kein Risiko eingehen und bleibt auf dem Kontinent. Ihr ausdrücklicher Wunsch ist, ihr »innigst geliebter Mann« möge nicht allein wegen ihrer Entbindung zurückkehren. Im nächsten Brief legt sie eine Locke des kleinen George bei. Theo stellt fest: *„ ... der Junge hat storres Haar, das meinige ist viel feiner."* Und klebt die Locke in sein Notizbuch.

Am 1. Juni 1852 zieht Fontane vom Eaton Square (Belgravia) nach 1 Tavistock Square (Bloomsbury): drei Treppen hoch ohne Kamin und sonstigen Komfort, aber mit Frühstück, Mittagbrot und Tee – alles für 42 Taler monatlich. Das Zimmer teilt er sich mit einem Mr. Owen aus Pembrokeshire (Wales), die zentrale Lage verspricht weitere Ersparnis. Der Chambregarnist würde sich *„äußerlich ganz behaglich fühlen"*, regnete es nicht so entsetzlich. Vier Tage nicht aus dem Hause! Wem nützt da *Adams´s Pocket Guide*? Kaum einen Monat später wird er sich wegen *„kannibalischer Hitze"* nach kühlem Nass sehnen.

Die Verpflegung bei der Familie May ist *„vortrefflich"*, aber die höfliche *„Gasthofsunterhaltung"* (*It´s a lovely day today, isn´t it?*) bringt Fontane sprachlich nicht weiter. Da kommt ihm die Idee, Deutschunterricht anzubieten und gegen Englischstunden *„auszutauschen"*. Die Bekanntschaft mit dem jungen Arzt Dr. James Morris, seinem Schüler und Lehrer zugleich, bekräftigt erneut den Wunsch, in London ansässig zu werden – die Schreibfeder gegen die Apothekerwaage zurückzutauschen.

Am 1. Juli 1852 schreibt er in das für seinen Vater geführte Tagebuch: *„Glaubt endlich meinen Worten, daß ich fortging, um entweder mein Glück hier zu finden, oder aber um bereichert an Kenntnis und Erfahrung und somit fähiger zu meinem Beruf nach Deutschland zurückzukehren."*

Mitte Juli leidet auch Berlin unter sommerlicher Hitze, aber für einen Becher »Tutti Frutti« im Café Kranzler hat Emilie keine Zeit. Sie nimmt all ihren Mut zusammen, spricht im Ministerium vor und bewirkt eine Erhöhung des monatlichen Salairs auf 40 Taler. Ohnmachten und fortwährende Beklommenheit rühren von dem zu erwartenden *„kleinen Mädchen"*, das sich im Verborgenen wie eine Balletttänzerin aufführt. Auch die Briefe werden umfangreicher. Da sie nur zweimal monatlich über die Gesandtschaft laufen, drohen Überschneidungen und Missverständnisse.

Theo sendet gute Ratschläge und kündigt an, welche Aufsätze demnächst in der *Adler-Zeitung* zu erwarten seien – wie *Der englische Zopf*. Während der preußische Zopf allenfalls als *„Spitz- und Geißelwort"* tauge, existiere der englische Zopf nicht nur als Perücke. Das Leben auf der Insel werde erstens bestimmt vom *„innerlichen Zopf"*: dem guten oder Erbweisheits-Zopf, der alles konserviert – *„auch das Schlechte"*. Zweitens vom indifferenten oder Familien-Zopf: dem *„Mißverhältnis zwischen untergeordneter gesellschaftlicher Stellung auf der einen und aristokratischem Gebaren auf der andern Seite"*.

Drittens vom bösartigen oder Weichsel-Zopf: dem Festhalten an Altherge-brachtem, zum Beispiel in der darstellenden Kunst.

Mit der englischen Kunst sei es wie mit dem englischen Leben überhaupt, lässt Fontane seine Leser wissen. *„Die Straße, die Öffentlichkeit bietet wenig von beiden. Man könnte sagen, das sei das Wesen des Nordens; indes man braucht nicht nach dem Süden zu gehen, um es anders zu finden. In Mün-chen, Berlin und Brüssel trifft das Auge angenehm überrascht, an Giebeln hier und unter Arkaden dort, auf die Vorläufer des Freskobildes, das Miene macht, über die Alpen bei uns einzuwandern, und beschränken wir uns gar auf das Monumentale und eine Vergleichung dessen, was die Straße hier dem Beschauer bietet und was bei uns, wie reich sind wir Armen da. Jeder Frem-de, der Berlin besucht und überhaupt ein Auge mitbringt für die Werke der Skulptur, wird auf einem einzigen raschen Gange durch die Stadt, vom »Kurfürsten« ab bis zur Quadriga des Brandenburger Tores hin, mehr Anre-gungen und Eindrücke mit nach Hause nehmen, als nach der Seite hin ganz London ihm zu bieten vermag.“*

Säulen, wie für den Admiral Nelson auf dem Trafalgar Square errichtet, entbehren nach Ansicht Fontanes jeglicher künstlerischer Zuverlässigkeit. Unweit der Nelsonsäule steht die Reiterstatue Karl Stuarts: *„Er reitet nach Whitehall hinab, als drücke ihn immer noch die Schmach, die seiner dort harrte, und als fühl' er, daß das Schwert ihm fehle, das – o bittres Spiel des Zufalls! – die Hände eines Straßenbuben vor Jahr und Tag ihm raubten: Wie wenig ist diese Statue und wie viel hätte sie sein 'müssen' in dem loyalen, königlichen England.“* Das neueste und zugleich beste Denkmal Londons ist die Statue des Königs Wilhelm IV. (seit 1935 in Greenwich). *„Ruhig blickt der König zur französischen Küste hinüber, als woll' er mit unterdrücktem Gähnen sagen: »kommt ihr – gut! kommt ihr nicht – noch besser!« und mit ähnlicher Gleichgültigkeit geht der Beschauer an dem Denkmal selbst vor-bei, das allenfalls befriedigen, aber nicht anregen und entzünden kann.“* Dem Herzog von Wellington kommt laut Fontane *„ausschließliche Denk-malberechtigung“* zu. Dreizehn Jahre später werden ihn die zahlreichen Ent-würfe für ein neues Wellington-Monument beschäftigen.

London sei nicht das, was man eine schöne Stadt nennt, erfahren die Ber-liner, aber eins habe die Metropole ihrer Stadt voraus: die äußerste Sauber-keit der Straßen und Häuser. *„Jedes Londoner Haus hat bis in seine zweite*

oder dritte Etage hinauf den unschätzbaren Vorteil nie mangelnden Wasser-
stromes, der ihm, nach Gefallen, aus Dutzenden von Röhren entgegenströmt.
Alles schmutzige Wasser fließt sofort wieder ab und ergießt sich in eine tief
unter jedem Straßendamm gelegene Kloake, deren Hauptkanäle mit der
Themse in Verbindung stehen."

Am noblen Tavistock Square lebten einst Aristokraten. Die herrschaftlichen
Fassaden und hohen Fenster wollen nicht recht zu der meist bürgerlichen
Schlichtheit der jetzigen Bewohner passen. Einen amüsanten Einblick in das
Leben der *middle class* bietet William Makepeace Thackeray´s dreibändige
Satire *Vanity Fair; or, A Novel without a Hero* (1847/48) – in Deutschland
unter dem Titel *Jahrmarkt der Eitelkeit* bekannt. Drei oder vier Häuser neben
Fontane wohnt der Romancier Charles „Boz" Dickens. Dessen Fortsetzungs-
roman *Oliver Twist; or, The Parish Boy's Progress* (1837–1839) erschreckt
mit drastischen Schilderungen des industriellen *take off*. Kein Vergleich mit
Dickens´ heiterem Erstlingswerk *The Pickwick Papers*. Fontane fehlt der
Mut, sich dem berühmten Nachbarn vorzustellen.

Der Tavistock Square ist ein beliebter Standort für Straßenmusiker. *„Die*
Musik, wie jedermann weiß, ist die Achillesferse Englands. [...] Man ist auf-
gestanden, sitzt beim Breakfast und liest, keines Überfalls gegenwärtig, die
»Times«, vielleicht gerade die vaterländische und nie überschlagne Spalte:
»Prussia; from our own correspondent«. Da schnarrt und klimpert es heran,
immer näher und näher, faßt endlich Posto dicht am Gitter des Hauses und
blickt, immer weiter drehend, mit dem braunen Gesicht so treuherzig ins
Fenster, als hab´ er die feste Überzeugung, mit seiner Drehorgel alle Welt
glücklich zu machen. Es ist »povero Italiano«, wie er leibt und lebt; auch die
Orgel ist echt mit ihren dünnen Hackbrettönen, und nur die tanzenden Pup-
pen fehlen und der Affe, der an den Dachrinnen hinaufklettert." Offenbar
treibe der Mensch am liebsten das, was ihm die Götter am kärgsten gereicht,
heißt es in *Ein Sommer in London* (1854).

Hatte Sir Walter Scott einen privaten Dudelsackpfeifer, der ihn zum Schreiben in *„Stimmung"* versetzte, führt Theodor Fontane die Feder unter Drehor-
gelklängen. Für Manteuffels Blatt *Die Zeit. Neueste Berliner Morgenzeitung*
entsteht eine der *Times* entlehnte Artikelserie über Lady Hamilton, Ehefrau
des britischen Botschafters in Neapel und Geliebte des siegreichen Admirals
Nelson. Macht die Presse gern den öffentlichen Ankläger, sieht sich Fontane

als Emma Hamiltons Verteidiger. Krank und wund sei Nelson am 20. September 1798 nach Neapel gekommen, wo er im Haus des britischen Gesandten abstieg. Von Seiten Lady Hamiltons fand er Abwartung und Pflege, die ihm nach verhältnismäßig kurzer Zeit Frische und Gesundheit wiedergaben. Ein Nelson hätte niemals eine Unwürdige lieben können!

Gern erinnert sich Fontane der Gastfreundschaft, die er 1844 im Hause von Mr. Burford erlebte. Acht Jahre später scheint das Wort *hospitality* nur noch als leere Phrase zu existieren. *„Das Land steht offen, aber die Häupter sind zu."* Auf die Wendung *„our English hospitable house"*, die in jeder dritten Briefzeile freundlich wiederkehre, folge immer gleich das Bedauern. *„Ein Fremder sein, heißt verdächtig sein."* Nach den politischen Flüchtlingen *„überflutete allerhand Gesindel die Straßen und Plätze Londons, und an die Stelle herzlichen Willkomms trat alsbald Abneigung und Ekel. Hundertfacher Mißbrauch des Asylrechts rechtfertigte die Kälte und Abgeschlossenheit nur allzusehr."*

Als Glücksfall erweisen sich im Sommer 1852 die deutschen Theateraufführungen zu Ehren des Prinzgemahls Albert von Sachsen-Coburg und Gotha. *„Auf den Foyers klangen einem alle Dialekte zwischen Oder und Rhein ans Ohr, der sächsische natürlich, wie der Ton einer Pickelflöte, jeden andren überpfeifend, und am Büffet hätte man glauben können in Dresden oder Berlin zu sein, wenn nicht die Ingwerbier-Flaschen gewesen wären und – die Londoner Preise."* Wie seinerzeit der Fürst von Pückler-Muskau muss auch Theodor Fontane feststellen, wie sehr sich das englische Theaterpublikum von dem elitären deutschen unterscheide: Der Engländer verlange alles *„gecayennegepfeffert; Curry-powder und Mixed-pickles in Kunst, wie im Leben."*

Am 2. Juni steht *Egmont* (1789) auf dem Programm des St. James´ Theater. *„Der Vorhang rollte auf: rechts und links die Statuetten Goethes und Schillers, beide überragt von einer Büste Shakespeares. Schon dieser leicht zu erratende Rebus war des Guten zuviel, wurde es aber vollends, als eine junge Dame vortrat und, mit einem Lorbeerkranz bewaffnet, anhob über Sprachverwandtschaft, englische Freiheit etc. sich des weiteren zu verbreiten. Die Huldigung war nicht fein, die Verse schlecht, und der Vortrag wie für deutschlernende Ladies eingerichtet. Unsere Sprache schien nur aus Spondäen und Molossen zu bestehen und die unglückliche Silbe »en« dürfte nie* *zuvor mit so viel Auszeichnung behandelt worden sein."* Auf diesen Prolog, der besser fortgeblieben wäre, folgt Goethes Trauerspiel, aufgeführt von einer dreißigköpfigen Company um den Dresdner Hofschauspieler Emil Devrient.

Während das Publikum – teils mit, teils ohne Schulbuch in der Hand – von der Aufführung schlichtweg *„fortgerissen"* wird, bleibt Fontane *„kalt"* und macht Notizen für seine erste Theaterkritik. Er ist überzeugt, seine Empfindungen *„frei von Namen-Anbetung und Literatur-Heroen-Cultus"* wiedergeben zu können. Stil und Ton seiner Kritiken orientieren sich an den Reaktionen des Publikums. Der Historiker Gordon A. Craig ist der Meinung, Fontane *„schmeichelte sich in das Bewusstsein seiner Leser hinein",* regte sie aber auf diese Weise zum Nachzudenken an. Im Falle *Egmonts* sollen die Verfechter englischer Schauspielkunst zu der Erkenntnis geführt werden, *„daß nur ein Weg zum guten Ziele führt – die Natur."*

Fontanes Verhältnis zu den deutschen Klassikern gilt als distanziert, denn der „Goethegötzenkultus" (Brief an Otto Franz Gensichen vom 13. September 1888) kam ihm verdächtig vor. Dennoch schätzte er Goethes Werke und war beeindruckt von dem Menschlichen, der Rolle des Individuums. Das unablässige Ringen des »Dichterfürsten« um den Stil nahm er sich zum Vorbild. Die meisten seiner Theaterkritiken entstanden zwischen 1870 und 1889. Vom Parkettplatz Nr. 23 im Königlichen Schauspielhaus am Gendarmenmarkt verfolgte Fontane die Aufführungen. Seine Kritiken – wohlwollend oder niederschmetternd – konnten die Berliner in der Vossischen Zeitung lesen.

„Waren Sie schon in der Exhibition?" Neugierig geworden betritt Fontane die in einem Flügel der Nationalgalerie untergebrachte Jahresausstellung der Royal Academy of Arts. Was Lessing den Hofmaler Conti sagen lässt, *„Prinz, die Kunst geht nach Brot"* (*Emilia Galotti*, 1772), gilt offenbar auch hier. Um nicht verhungern zu müssen, flüchten sich die Künstler *„in das Klein- und Familienleben".* Unter Hunderten von Bildern sticht wiederum eins heraus: Edward Matthew Wards „Charlotte Cordays Todesgang" (1852). Die Mörderin des radikalen französischen Revolutionsführers Jean Paul Marat (†13. Juli 1793) wird in blutrotem Kleid zur Hinrichtung geführt.

Die Komposition des Bildes und das *„fest und ruhig einherschreitende Mädchen"* regen den Betrachter zum Nachdenken an. Anderen Kunstwerken fehlt es an Originalität, an einem englischen Stil. So gut Fontane die Künstler verstehen kann, so sehr bedauert er den um sich greifenden *„Kosmopolitismus in der Kunst".* Wünschenswert sei *ein* Gesetz der Schönheit, aber *in* ihm die – Mannigfaltigkeit.

Bis September 1852 erhält die *Adler-Zeitung* ihre Feuilletons. Einige entstammen wiederum der *Times,* andere basieren auf Informationen von Scotland Yard oder der Bank von England. Fontane lässt den Poeten im Koffer und wartet mit Zahlen und Fakten auf. *„Die Seele Londons ist der Handel, sein Erzeuger ist die Bank",* deren Vermögen die preußischen Staatseinnahmen um das Dreifache übersteige. Das tägliche Brot für den Geist, für Unterhaltung und Zerstreuung liefern Zeitungen und Briefe. Millionen Zeitungsbogen bedeuten enorme Einnahmen an Annoncensteuer und Porto. Zur Schattenseite der Riesenstadt gehören Krankheit, Verbrechen und Tod. 50 000 Londoner – *„also ungefähr ein Potsdam"* – werden alljährlich auf den Kirchhof hinausgetragen. (Ab 1854 werden die sterblichen Überreste mit der London Necropolis Railway zum 23 Meilen entfernten Friedhof Brookwood, Grafschaft Surrey transportiert. Erster, zweiter oder dritter Klasse – je nach Vermögen der Angehörigen.)

Fontane fährt mit dem Dampfboot nach Blackwall, East End (London Borough of Tower Hamlets), wo er dem Auswandererschiff »Marlborough« nachträumt, das seine *„Menschen-Ballast"* nach Amerika trägt (laut *Times* 600 Deutsche pro Woche). Was treibt sie hinaus? Sind sie alle, wie Heinrich Heine schreibt, *„Europa-müde"* …?

Aus zwei werden letztendlich fünf Monate, in denen Fontane das Geheimnis der *Victorian Era* zu ergründen versucht. *„England stirbt an Erwerb und Materialismus",* schreibt er am 18. Juli 1852 in sein Tagebuch. Gleichzeitig räumt er ein, mit einer eigenen Apotheke ebenfalls zu einem raffinierten Geschäftsmann zu werden. Aber zwischen Wollen und Tun besteht bekanntlich ein Unterschied. Lepel wirft seinem Freund *„eine gewisse Dosis Duckmäuserthum"* vor, die stets aufs Neue seine Flügel lähme, verspricht jedoch, ihm nach Rückkehr zu seinem Glück zu verhelfen. Es gebe nur zwei Möglichkeiten: das Ausüben eines philiströsen Lebensberufes oder die völlige Hingabe an die Musen.

Am 20. Juli 1852 finden in Großbritannien die Wahlen zum Unterhaus statt. Fontane, der mit lebhafter Anteilnahme der Londoner Bevölkerung gerechnet hat, erlebt außer vermehrtem Ale- und Porter-Konsum nur schlaff herabhängende Fahnen. Der Sieg von Whig oder Tory scheint der Metropole so gleichgültig zu sein *„wie der Sturz oder die Ernennung eines chinesischen Mandarinen"*. Da kommt von einem Druckereibesitzer der Hinweis, die offizielle Bekanntgabe des Wahlergebnisses im Städtchen Brentford (heute Borough of Hounslow) biete das erhoffte Spektakel.

Fontane nimmt den Omnibus und erfährt, die seit Jahren ins Rennen geschickten Vertreter der Grafschaft Middlesex seien auch diesmal wiedergewählt worden sind: Lord Grosvenor und Mr. Osborne – *„jener ein Whig aus der alten Schule, energisch nur in seiner Feindschaft gegen alles, was Tory heißt – dieser ein Freund und Geistesverwandter des alten Radikalen [Joseph] Hume, des Vaters der Reformbill."*

Abb. 17 London Omnibus

Die Dekoration in Brentford gleicht einem *„Laubhüttenfest"*. In der Mitte des Marktplatzes steht die Rednertribüne, dahinter erheben sich *„amphitheatralisch ansteigend"* die Bänke der Wähler, im Vordergrund füllt allerlei Volk den Platz. Natürlich trägt das schöne Geschlecht – je nach seiner Art – zur Verherrlichung des Festes bei: *„ein Streifen reichgeputzter Damen, wie eine Amethyst-Ader durch Rauchquarz"*, die sich mit aufgespannten Schirmen gegen die Gentlemen schützen, *„Mannweiber, zwischen fünfzig und sechzig, mit Katzenschnurrbart und grauen Augen"*, bewaffnet mit Stangen und unmissverständlichen Illustrationen. Die Gewählten sind durch Sitte und Gesetz verpflichtet, sich auf die Tribüne zu begeben und den oft dümmsten Fragen Rede und Antwort zu stehen. Als Lord Grosvenor endet, hat Mr. Osborne seinen Auftritt und wird wie eine Diva gefeiert. Sein Gegenspieler ist der Marquis von Blandford, der kaltblütig versichert, *„daß er und seine Sache das nächste mal die Sieger sein würden"*. Der Rest seiner Rede geht im Tumult unter. Einige Stimmen fordern: *„Give him fair play!"* Umsonst. Pfeifen, Grunzen und Drohungen zwingen den Marquis abzutreten. Damit ist die Farce ist beendet. Fontane springt auf den Omnibus und denkt: *„Weg mit solchem Plunder!"*

Hat Pückler die englischen Landschaftsgärten auch mal zu Fuß durchmessen, lässt sich Fontane am liebsten fahren. *„Kaum zwei Stunden in London – und schon saß ich wieder auf meinem alten Lieblingsplatz, hoch oben neben dem Omnibuskutscher und das vor mir ausgeschüttete Füllhorn englischen Lebens wie einen langentbehrten Freund nach rechts und links hin grüßend, rollt' ich Regent Street und Piccadilly hinab bis zu seinem Schlußstein, Apsley House"*, schreibt er und verrät: *„Der Zauber Londons ist – seine Massenhaftigkeit. Wenn Neapel durch seinen Golf und Himmel, Moskau durch seine funkelnden Kuppeln, Rom durch seine Erinnerungen, Venedig durch den Zauber seiner meerentstiegenen Schönheit wirkt, so ist es beim Anblick Londons das Gefühl des Unendlichen, was uns überwältigt – dasselbe Gefühl, was uns beim ersten Anschauen des Meeres durchschauert."*

Das *„Kristallhaus"* (der Glaspalast der Weltausstellung von 1851) wird zur Metapher, zu einem *„Abbild Londons selbst: abschreckende Monotonie im einzelnen, aber vollste Harmonie des Ganzen."* Fontane erwähnt nicht, dass das gläserne Haus kurz darauf zerlegt und auf Sydenham Hill wieder aufgebaut wird. Er ahnt auch nicht, dass er am 2. Mai 1856 Emilie und Sohn George nach Sydenham führen wird, um die dort präsentierten Modelle für ein Krimkrieg-Memorial zu besichtigen …

Die gesammelten Aufsätze und bis dato unveröffentlichte Beiträge erscheinen unter dem Titel *Ein Sommer in London* (1854) bei Katz in Dessau. Die *Quartely Review* vergleicht das Buch mit Max Schlesingers *Wanderungen durch London* (1852) und bemängelt, Fontane sei kein *true English Gentleman*.

Die deutschen Rezensenten vermuten Ähnlichkeiten mit Heines Sammlung *Reisebilder. Englische Fragmente* (1828).

In einem Brief an Storm weist Fontane dies energisch von sich. Sein Buch sei eine Art *guide,* mit dem sich eine London-Tour vorbereiten ließe. Mit Ausnahme von ein paar Theatern und der Barclayschen Bierbrauerei sei ja *alles* beschrieben worden… Die aus 35 Kapiteln bestehende Sammlung stellt *„ein Neben- und Ineinander von statistischer Reportage, impressionistischer Skizze, novellistisch ausgeschmücktem Reisebericht, journalistischer Rezension, historischbiographischen Exkursionen und adaptierender Übersetzung von Zeitungsartikeln wie Volksballaden"* dar (Daniel Göske).

Neben dem Hin und Her um das Kommen oder Nicht-Kommen ihres Mannes bringt Emilie am 2. September 1852 ihr zweites Kind zur Welt. *„Also mit Gott Nr. 2!"* Theo hat es geahnt: kein kleines Mädchen, sondern wieder ein Junge. Am 15. des Monats erhält Rudolf vom Konsistorialrat Fournier die Nottaufe, am selben Abend verstirbt der Kleine. Vergeblich streckt Emilie die Arme nach ihrem »Herzensmann« aus, doch der sitzt bei Hermann Schweitzer im Seebad Brighton und betreibt Konversation.

Brighton ist noch immer *„der fashionable Badeplatz der Aristokratie".* Die Konkurrenz von einem halben Dutzend *„nachbarlicher Parvenüs"* wie Ramsgate oder Margate kann seinen Ruhm nicht schmälern. *„Brighton ist schön."* Auf dem Chain Pier lauscht die elegante Welt einer deutschen Kapelle. Wer von der 1 014 Fuß (rund 309 Meter) langen Kettenbrücke zurückschaut, kann im Puppenformat das Treiben auf dem Quai verfolgen: *„Damen zu Pferde in schwarzem, wallendem Reithabit galoppieren vorüber, reizend gekleidete Kinder, in ihrer Ziegenbock-Equipage, fahren auf und ab, breitschultrige Fischergestalten mit Teerjacke und Krempenhut winden das heimkehrende Boot aus der Brandung ans sichere Ufer – Leben überall, aber das stille Leben eines Bildes ..."* Ein bürgerliches Herz sieht sich bald müde an so viel Herrlichkeit und sehnt sich nach *„Ofen und Sorgenstuhl".*

Fontane spottet: *„Der Engländer hat tausend Bequemlichkeiten, aber er hat keine Bequemlichkeit. Er hat die weichsten Teppiche, die besten Polster, die schärfsten Rasiermesser; sein Toilettentisch ist ein Bazar, eine Ausstellung im kleinen; er hat Regenschirme, die man in die Tasche stecken kann, und Sackpaletots, die dem Komfort auf Kosten der Schönheit huldigen, er hat das alles, und dennoch – keine Bequemlichkeit. Woher das? Der Engländer lebt wie ein Fürst, zum mindesten wie ein Minister: an die Stelle der Bequemlichkeit tritt der Ehrgeiz.“* Kurzum: *„England und Deutschland verhalten sich wie zueinander wie Form und Inhalt, wie Schein und Sein.“*

Am 21. September ist er zurück in London und findet Emilies traurige Nachricht. Umgehend, aber auf Umwegen begibt er sich auf die Rückreise. Auf *„halber Fahrt nach Dover“* befindet sich nämlich der legendäre Küstenstreifen, an dem 1066 die Armeen des englischen Königs Harald und des normannischen Herzogs Wilhelm (des Eroberers) aufeinandertrafen. Fontane pilgert zur Battle Abbey und schaut über das einstige Schlachtfeld Richtung Kontinent. Um Mitternacht verlässt er *„Alt-England“* und reist via Aachen nach Berlin. Wird er bleiben, um sein *„schlecht- und gerechtes deutsches Spießbürgertum freudvoll und leidvoll“* fortzusetzen?

Abb. 18 Emilie Rouanet-Kummer (1848)   Abb. 19 Theodor Fontane (1853)

Poet und Lektor der Centralstelle für Preßangelegenheiten

Fontane kommt, um zu bleiben, denn gegen den Hochmut der englischen Aristokraten und die Zugeknöpftheit gegenüber Fremden scheint kein Kraut gewachsen. *„England ist aristokratisch, Deutschland demokratisch"*, stellt er fest. *„Wir haben keine politische Demokratie, aber eine soziale. Wir haben Klassen, aber keinen englisch-chinesischen Kastengeist; wir haben Schranken, aber keine Kluft."* Zufrieden nimmt er am 1. Oktober 1852 wieder seinen Platz in der Centralstelle für Preßangelegenheiten ein. Die Sprachkenntnisse reichen für ein Diplom als *„Sprachmeister"*, auch der Poet wird aus dem Koffer geholt.

Am 9. Dezember konstituiert sich *„bei Kaffe und Zigarren"* der Rütli – die aus wenigen Mitgliedern bestehende *„Tunnelsahne"*, die bereits Frauen zulässt. Einer der Treffpunkte ist bei »Frau Clara« in der Friedrichstraße 242. Franz Kugler, Claras Ehemann, ist Kunstreferent im Kultusministerium und Tunnel-Freund (Hagedorn). Zu jener Zeit wird die Idee zu einem eigenen Publikationsorgan geboren. Es soll *Argo* heißen – wie das sagenhafte Argonautenschiff – und eine Art Jahrbuch für Kunst und Dichtung darstellen. Mit dem Ellora-Kreis um den Kunsthistoriker Friedrich Eggers spaltet sich eine weitere Gruppe vom Tunnel über der Spree ab.

Im Februar 1853 übernimmt Fontane die Revision bzw. Endkorrektur der *Adler-Zeitung,* nächtliche Arbeitszeit von 8 bis 11 Uhr. Die *„gemütlichen Abendplaudereien"* entfallen, dafür bleibt tagsüber Zeit zum Dichten. Um seinen Lebensunterhalt zu sichern, muss er weiterhin auf Nebenerwerb bedacht sein. Am liebsten ginge er nach Mexiko oder würde Pfeifenträger bei *„Omer Pascha"*, denn die *„Pfennigwirtschaft eines deutschen Zeitungs- und Balladenschreibers"* behagt ihm ganz und gar nicht. Bernhard von Lepel annonciert für seinen Freund *Unterricht im Englischen.* Über die *„Conversationsstunden"* hinaus kommen die Töchter der Geheimräte Karl Hermann Freiherr von Wangenheim und Adam Flender in den Genuss von *„Unterricht in sämtlichen Fächern".* Die Geschichtsstunden bei Herrn Fontane lässt sich auch die Mutter Gertrud Flender nicht entgehen. Auf wunderbare Weise öffnen sich dem Hauslehrer so die Türen zu *„Politik, Adel, Gesellschaft, Kirche".* Vorträge im Kreis von Offiziersfamilien, mal in der Luisenstraße, mal in der Holzmarktstraße – fünfzig Gehminuten entfernt – sichern weitere Taler.

Dem Freiherrn von Wangenheim und seiner katholischen Ehefrau wird der Romancier Fontane mehrere literarische Denkmale setzen.

Am 19. März sitzt er mit einer perfiden Grippe zu Hause und wartet auf Emilie, die viel zu spät von einem Vorleseabend Lepels heimkehrt. Halbtot sei sie gewesen, wirft Fontane seinem Freund vor. *„Länger wie anderthalb Stunden hält nicht leicht wer aus. Die Schlafenden (alte Damen) sollen wie Leichen im Saal umher gelegen haben."* Wegen erneuten Verdachts auf Tuberkulose verbringt er einen längeren Genesungsurlaub auf dem Gut seines Schulfreundes Hermann Scherz. Als er Ende Juli aus Kränzlin zurückkommt, hat Emilie ihre *„schlanke Figur"* eingebüßt und das *„Marterbett"*, eine erneute Schwangerschaft, vor Augen.

Da die *Adler-Zeitung* ihr Erscheinen inzwischen eingestellt hat, kehrt Fontane an seinen Schreibtisch in der Centralstelle zurück. Deren Leiter ist seit dem 1. Oktober 1853 der Regierungsrat Immanuel Hegel. Mitte Oktober erhält Fontane die Kündigung. Auf sein Bittgesuch hin und dank Fürsprache Wilhelm von Merckels wird sie zurückgenommen: Herr Fontane sei ein talentierter Journalist mit unverzichtbaren Sprachkenntnissen.

Im Dezember 1852 sind sich Theodor Fontane und Theodor Storm erstmals persönlich begegnet. Storms Ballade *Geschwisterblut* fällt bei den Tunnel-Poeten wegen *„hervortretender Lüsternheit"* durch, ein Liebesverhältnis zwischen Bruder und Schwester sei gegen die Natur. Der Jurist Storm verteidigt sich: Der Einzelne habe das Recht, allgemein vorherrschende Sitte kühn gegen alles Verderben einzutauschen (Brief vom 29. März 1853 an Friedrich Eggers).

Im Rütli ist der als *„philiströs"* geltende, aber wegen seiner Dichtkunst und patriotischen Gesinnung verehrte Storm (Tannhäuser) willkommen. Am 14. September wird im Hause Kugler der 36. Geburtstag des Husumers zelebriert.

Fontane reimt *„Der Herbst ist da und Storm ist da ..."* und legt seinen Band *Von der schönen Rosamunde* auf den Gabentisch. Storm berichtet nach Hause: *„Neben dem Tisch stand Kugler und blies das Waldhorn, sein Lieblingsinstrument. Dann aßen wir vortrefflich und tranken in Rheinwein und Champagner auf Deine und der Jungen Gesundheit, und Fontane zog natürlich* *wieder ein langes Gedicht [Sohn vorm Vater ...] aus der Tasche.*" Mit Spaziergang und Gesang klingt dieser Tag aus. Der Kontakt zwischen den beiden Namensvettern bleibt zwölf Jahre lang bestehen.

Am 14. Oktober bringt Emilie den Sohn Peter Paul zur Welt, Theos Anstrengungen gelten der Herausgabe des *Argo*. Eins der ersten Exemplare erhält seine Mutter zum Weihnachtsfest. Darin findet sie die Widmung *"Giftmischer einst, und nun doch ein solcher, ..."* Am 6. April 1854 verstirbt im Alter von nur sechs Monaten der kleine Paul. Fontane beantragt Urlaub, der Zustand seiner Frau erfordere einige Tage Erholung auf dem Lande. Mitte des Jahres muss er sich wegen seiner Neigung zu Brustkatarrh einer Kur unterziehen. *Ein Sommer in London* erscheint, die Widmung für Emilie lautet *"Du bist nun doch einmal die Beste ..."*

Am 3. Dezember 1854 feiert der Tunnel ein Stiftungsfest. Zu einer Sternstunde wird Fontanes Ballade *Der Verbannte* (späterer Titel *Archibald Douglas*). Vor allem die Verse *"Der ist in tiefster Seele treu, Wer die Heimat liebt wie du"* bewerten die Tunnel-Poeten mit »sehr gut«. Für den Publizisten und Historiker Gustav Freytag ist *Archibald Douglas "der Anfang einer neuen speziell deutschen Balladenform".*

Abb. 20 Ein Mann, den rechten Arm aufgestützt, Zeitung lesend (um 1895)

101

Dritter Londonaufenthalt im Auftrag der preußischen Regierung

Mit Beginn des neuen Jahres hat Fontane für die Centralstelle Beiträge aus der englischen Presse zusammenzufassen – für ein Jahresgehalt von 420 Talern. Während die *„englischen Berichte"* dem Innenministerium um Ferdinand von Westphalen sowie Zeitungsredaktionen zur Verfügung gestellt werden, kommt die Einrichtung einer Deutsch-Englischen Korrespondenz ins Gespräch.

Von 1815 bis 1853 lebt Europa fast eine Generation lang im Frieden. Währenddessen schwächelt das Osmanische Reich. Am 3. Juli 1853 besetzt Russland die Donaufürstentümer Walachei und Moldau, am 4. Oktober erklärt das Osmanische Reich dem Russischen Kaiserreich den Krieg. Großbritannien und Frankreich und mit ihnen das Königreich Sardinien-Piemont leisten dem Osmanischen Reich militärischen Beistand. Während sich Preußen und Österreich neutral verhalten, wird „hinten, weit, in der Türkei" (Goethe, Faust. Der Tragödie erster Teil, 1808) der erste moderne Krieg der Weltgeschichte ausgetragen.

Preußen ist Russland dynastisch verbunden und wegen seiner Neutralität heftigen Angriffen der britischen Presse ausgesetzt. Vor diesem Hintergrund soll das Projekt einer Deutsch-Englischen Korrespondenz realisiert werden: Deutsche Zeitungen sind mit Berichten aus Großbritannien zu versorgen, propreußische Artikel unauffällig in die englische Presse zu lancieren. Dr. Ludwig Metzel, der technische Leiter der Centralstelle, schlägt vor, Theodor Fontane nach London zu senden. Wenngleich nicht politisch durchgebildet, verfüge er doch über eine ansprechende Persönlichkeit sowie geschäftliche Kenntnisse und sprachliche Fertigkeiten.

Im August 1855 sieht Fontane seiner dritten Englandreise entgegen. Er ahnt nicht, dass seine Mission dreieinhalb Jahre dauern wird. Der Feuilletonist Heinz Ohff behauptet, bis zu jenem Zeitpunkt könnten sich nur zwei Preußen eines längeren Aufenthaltes auf den Britischen Inseln rühmen: Karl Philipp Moritz (1782) und Hermann Fürst von Pückler-Muskau (1824–1829).

Neben vielen anderen wäre Leopold III. Friedrich Franz, Fürst und Herzog von Anhalt-Dessau zu nennen. »Vater Franz« unternahm mehrere Studienreisen (1763/64, 1775 und 1785) nach England und Schottland und kehrte stets mit progressiven Ideen auf den Kontinent zurück, die er im Wörlitzer Gartenreich umsetzte.

Fontane reist im offiziellen Auftrag der preußischen Regierung. In Zeiten diplomatischer Irrungen und Wirrungen soll seine *Deutsch-Englischen Correspondenz* die preußische Neutralitätspolitik medienwirksam unterstützen. Dr. Metzel erteilt ambitionierte Instruktionen, deren Ausführung sich jedoch als illusorisch erweist.

Allein die *„Knickerei"* des auf Sparsamkeit bedachten *„Oberbürokraten"* Manteuffel – dessen „Anschubfinanzierung" beträgt ganze 300 Taler – setzt dem als privat zu deklarierenden Unternehmen Grenzen.

Am 7. September verabschiedet sich der Familienvater von Emilie und George. Das am 29. Mai in Luckenwalde geborene Siebenmonatskind Hans Ulrich ist nach wenigen Tagen verstorben. Fontane lässt die Sorgen hinter sich und sieht das *„reiche, vornehme, gediegene"* Hamburg wieder. Die nächtliche Seereise auf der »Countess of Lonsdale« läuft zunächst nach Plan, ab Cuxhaven stellt sich auch die Seekrankheit ein. Dichter Nebel zwingt die *„verwanzte Gräfin"* vor der englischen Küste vor Anker zu gehen. Erst am Vormittag des 10. September kommt London – zwei Tage nach Bekanntwerden der Einnahme von Sewastopol. Großbritannien befindet sich im Kriegszustand. Auf der Themse reiht sich Transportschiff an Transportschiff, im Hafen wimmelt es von Soldaten in schmutzig-roten Uniformen. Der Zoll kontrolliert den Preußen diesmal besonders streng und konfisziert die mitgeführten Bände *Vanity Fair;* bei der Tauchnitz Edition (Leipzig) handele es sich um Raubkopien. Was besonders schmerzhaft ist: Mit den Büchern gehen auch die persönlichen Randbemerkungen verloren. So will kein *„Heimatsgefühl"* aufkommen ...

Fontane lässt sich zum Finsbury Square (Central London) fahren und nimmt ein einfaches Zimmer in Seyd´s Hotel. Ein längerer Spaziergang führt zum vertrauten Tavistock Square, die erste Omnibusfahrt geht von Charing Cross zur Blackfriars Bridge. Er sucht die Buchhandlung John Murray jun. auf und versorgt sich mit Literatur. Als sich »Theodor« (wie er ab jetzt unterschreibt) einigermaßen eingelebt hat, lässt er seine »dear Lady« Emilie wissen, die Begegnung mit London sei wie das Wiedersehen einer geliebten Person, mit der man eine Zeit lang *„verknurrt"* war. Emilie hat kein Verständnis für solche Späße, sie sucht Trost bei ihrer Freundin Johanna Treutler auf dem schlesischen Gut Neuhof. Das Landleben und der aufgeweckte George sorgen für Abwechslung.

Fontane, der auch Dr. Metzel tagebuchartig auf dem Laufenden hält, klagt über Unwohlsein. Um dem Trubel der Millionenstadt zu entkommen, mietet er sich Mitte September in 3 Campden House Road (Kensington) ein. Zur Hausgemeinschaft zählen *„2 mittelalterliche Schwestern als Wirthinnen, 2 antike Damen als Hausgenossen und ein blondes Dienstmädchen als Repräsentantin der Neuzeit"*. Der Vorteil: In unmittelbarer Nähe befinden sich Holland Park und Kensington Gardens, mit dem Omnibus ist man in einer halben Stunde im Zentrum. *„Es ist ungefähr so, wie wenn ich in Berlin in der Nähe des Hofjägers oder auf der Schöneberger Chaussé eine Wohnung nähme."*

In Carlton House Terrace amtiert seit 1854 Albrecht Graf von Bernstorff. Der Gesandte gilt als prorussisch und ist in London zunächst mit Misstrauen empfangen worden. Drei Jahre später wird er mit dem britischen Außenminister Lord Clarendon den Ehepakt zwischen dem preußischen Kronprinzen Friedrich (Fritz) Wilhelm und der englischen Prinzessin Victoria (Vicky) zeichnen.

Graf Bernstorff gilt als ein *„feiner, fester und gescheiter Mann"*, Fontane macht sich aber wenig Hoffnung, er könne ihm bei der *„Einfädelung dieser literarisch-geschäftlichen Sache"* nützlich sein. Auch der Gesandte wünscht, die Leserschaft betrachtete die Korrespondenzen als Privatunternehmen. Die ersten Wochen in London vergehen mit der Klärung technischer Details, wiederholten Nachfragen in Berlin sowie der Übersetzung von Artikeln aus der *Morning Post.*

Dies erfährt Emilie über den Tagesablauf ihres *„Zeitungsmenschen"*: *„9 ¼ trifft man sich beim breakfast. Die leibliche Nahrung besteht in dünnem Thee mit Toast und Butter; die geistige in einer Conversation über die letzten Times-Neuigkeiten. Um 10 steig ich wieder in mein Zimmer und nun beginnt ein ununterbrochenes Arbeiten (ein bißchen Fleisch und Brot bringt man mir um 1 Uhr aufs Zimmer) bis nach 3. Dann geht es zu Tisch, was sich bis 4 ½ hinzuziehen pflegt und nun brech ich auf, um diesen oder jenen Besuch in der Stadt zu machen. [...] Um elf, spätestens 11 ½ Uhr, schnarch' ich mit mei-*

nem Sohn George um die Wette. " Am 1. Oktober wird Emilie die Wohnung in der Luisenstraße aufgeben und darauf warten, dass Theodor das Okay für den Umzug nach London gibt.

Der weiblichen Teegesellschaft (eine Dame beschwert sich mit *„no shaving!?"* über sein nicht glatt rasiertes Kinn), fehlenden Komforts und kostspieliger Omnibusfahrten überdrüssig wechselt Fontane bereits Mitte Oktober die Unterkunft. In 23 New Ormond Street, Queen Square (Bloomsbury) bezieht er zwei Zimmer – *„in einer Gegend 2ten Ranges, bei einer Frau 3ten Ranges [Mrs. Wilmot], was alles recht gut wäre, wenn nur das Sopha nicht 4ten und das Bett sogar 5ten Ranges wäre."* Aus Oxford kommt sein Freund Max Müller, der ihn in das Restaurant Simpson's einführt. Aber einen lukrativen Broterwerb kann auch er nicht beschaffen.

Inzwischen hat das Inland Revenue Department die *Deutsch-Englische Correspondenz* formaljuristisch genehmigt. Otto von Manteuffel bewilligt weitere Gelder, die Centralstelle sendet ihren Mitarbeiter Rudolph Wentzel nach London. Bald stellt sich Routine ein. Die tägliche Arbeitszeit geht von morgens um 9 bis nachmittags um 3. Um halb 5 wird in der Firma R. Appel, 43 Gerrard Street (Soho) der Druck beaufsichtigt, danach die Korrespondenz zur General Post Office, St. Martin's Le Grand geschafft. Während sich Wentzel spätabends englischen Zeitungen widmet, schreibt Fontane seine Leitartikel. Darüber hinaus erwartet man in Berlin regelmäßige Berichte und Kostenabrechnungen. Bei diesem Pensum lebt es sich in London nicht besser als in Letschin ...

Am 19. November 1855 gehen die ersten 70 Exemplare der *Deutsch-Englischen Correspondenz* Richtung Kontinent. Die übliche Laufzeit der Zeitung beträgt nur zwei Tage. Doch die Konkurrenz, die für die *Kölnische Zeitung* schreibenden Max Schlesinger und Jakob Kauffmann, erweist sich als übermächtig.

Emilie ist zwischenzeitlich bei ihrer Schwiegermutter in Neu-Ruppin untergekommen. Die Aufsätze ihres Mannes liest sie in der *Kreuz-Zeitung,* sofern diese Beiträge aus der *Deutsch-Englischen Correspondenz* übernimmt. Die Mordgeschichte *Frank in Brighton* regt sie auf, die Geschichte um *Leo v. Armenien* belustigt eher. Der Hochstapler behauptete doch allen Ernstes, das russische Kaiserhaus hätte ihm Königreich und Diamanten geraubt! Was Emilie noch lieber in Erfahrung brächte: Soll die Familie nach England kommen oder will ihr »geliebtes Herz« herkommen? Sie fürchtet, irgendwann könnte ihre Vernunft ihre Endschaft erreichen. Am 8. Dezember ist der zehnte Verlobungstag und bald darauf ist Weihnachten. Theodor würde seiner Frau gern ein seidenes Kleid schenken und bittet Henriette von Merckel um Rat. Er selbst erklärt sich mit Kleinigkeiten zufrieden, sein größter Wunsch – ein Ende der Chambregarnie-Existenz – wird unerfüllt bleiben.

Inzwischen ist Österreich eine Allianz mit den Westmächten eingegangen, am 16. Dezember 1855 wird dem Russischen Kaiserreich ein Ultimatum unterbreitet. Die *Morning Post* macht das Schwanken des preußischen Königs zur Schlagzeile, die *Deutsch-Englische Correspondenz* behält ihre Berechtigung – trotz eines Defizits von 3.000 Talern. Fontane schreibt Rechtfertigungsbriefe und dichtet:

Im Café Divan wieder einmal

Starr' ich still in die flammenden Leuchter,

Das Herz wird weihnachts-sentimental

Und die Wimpern werden feuchter ...

Den Weihnachtsabend verbringt er im Kreise der Apotheker Julius Schweitzer und Edward Wood, des Journalisten Rudolph Wentzel sowie des Zeichners Josef Dinkel. Auf die Bescherung im Hause Schweitzer, 17 Bloomsbury Square folgen ein knuspriger Gänsebraten, der obligatorische *„brennend aufgetragene"* Plumpudding und zwei Gallonen Punsch. Zahlreiche Toasts gelten dem Königshaus, dem später hinzugekommenen Journalisten Jakob Kauffmann und den Frauen daheim.

Wie Pückler klagt auch Fontane über die Zugluft, die die Engländer diminutiv *ventilation* nennen. Was sie *„Zug"* nennen, decke die Dächer ab und würde in der übrigen Welt *„Sturmwind"* heißen. Wegen seines Pelzes heißt Fontane *the foreigner with the fur. – „Who is your tailor?"*, forschen die Kutscher, die ihn für einen desertierten russischen Offizier halten. Vor Erkältung schützt das dubiose Kleidungsstück nicht. An seinem 36. Geburtstag, einem Sonntag, lässt Fontane den erbsengelben Londoner Nebel hinter sich. In Begleitung von Wentzel und Kauffmann unternimmt er einen Ausflug nach Hampstead Village.

Am Montagabend wird lustig ins neue Jahr hinein getrunken. *„Glück auf!"*

Für Emilie Fontane beginnt das Jahr 1853 mit einer Reise nach Luckenwalde (Fläming), um sich von ihrer Freundin Laura Knochenhauer zu verabschieden. Der erste Londonaufenthalt steht bevor. *„Ihr werdet in einem Jahre kein Englisch lernen"*, dämpft Theodor ihre Erwartungen, *„und aus mir wird auch nicht der perfekte Englishman werden, der ich werden möchte und werden muß, wenn die 6 Monate (vom September v. Jahres an) nicht wieder, wie so viele Jahre meines Lebens, weggeschmissen sein sollen. Etwas Politik, etwas London, etwas Englisch – nutzt mir nichts; an halben und viertel Dingen hab' ich genug in mir, und das Leben erheischt von uns, daß wir etwas Ganzes sind."* Mit diversen Instruktionen versehen verlassen Emilie, der vierjährige George und Theodors 18-jährige Schwester Elise (Lischen) am 23. Januar den Kontinent.

Währenddessen mietet Fontane fünf Zimmer in 38 Berners Street (Soho): zwei für sich und seine Familie in der ersten Etage, zwei als Büro und seinen Assistenten Rudolph Wentzel in der zweiten, ein Zimmer für Elise und das Dienstmädchen Luise in der dritten. Alles für eine Jahresmiete von 117 Pfund (etwa 780 Taler). Am 25. Januar reist der Familienvater per Eisenbahn nach Dover, wo er seine Lieben in Empfang nimmt. Am nächsten Morgen fahren alle voller Erwartung der britischen Metropole entgegen. Indes erklärt sich Russland bereit, Frieden zu schließen. Wird sich Fontanes Mission bald erübrigen?

Emilies erste Woche in London vergeht mit bangem Warten auf das Gepäck: Wäsche, Silberzeug und Bücher … Alles hat sie vorausschauend mit *Th. Fontan*e versehen, so spart man Zoll. Tagsüber erledigen die Damen Einkäufe auf dem Bazar, die Abende verbringt man am Kamin. Gern gesehene Gäste sind der Arzt Dr. James Morris, die Portiersfrau Martha Morris sowie der Apotheker Julius Schweitzer. Ausgerechnet am Valentinstag beschwert sich Mrs. Tucker, die Vermieterin, über zu viel Lärm. Ein Kaminbrand verursacht weiteren Ärger. Noch drei Monate werden die Fontanes in der Berners Street ausharren.

Mit der Aussicht auf eine spürbare Gehaltserhöhung unternehmen sie Einkaufsbummel auf der Tottenham Court Road. »George´chen« erhält ein schottisches Plaid (Schulterdecke) mit passender Mütze.

Der *Deutsch-Englischen Correspondenz* fehlen noch immer Abonnenten, Fontane muss Kritik von oberster Stelle einstecken. Da sorgt eine Schlagzeile der *Times* für Aufregung: *„Hinckeldey shot dead!"* In den frühen Morgenstunden des 10. März 1856 duellierten sich in der Berliner Jungfernheide Hans von Rochow, ein Mitglied des Herrenhauses, und der Generalpolizeidirektor Karl Ludwig Friedrich von Hinckeldey. Der tödlich Getroffene hatte die sogenannte Schutzmannschaft der 1848er Märztage zu einer militärisch organisierten Polizeitruppe formiert und galt als Garant für die Unabhängigkeit der Krone. Fontane ließ einst kein gutes Haar an ihm, hätte aber auch Rochow eine Kugel gegönnt ... Was geht in Berlin vor?

Hans von Rochow erhielt vier Jahre Festungshaft und wurde nach einem Jahr begnadigt. Für Karl Ludwig Friedrich von Hinckeldey wurde nördlich des Forsthauses Königsdamm (seit 1956 am Ostrand des Volksparks Jungfernheide) ein steinernes Gedenkkreuz errichtet. Fontane erwähnt das Kreuz in seiner Novelle Irrungen, Wirrungen (1887): Während der Baron Botho von Rienäcker über seine Pflichten als Adliger sinniert, trägt ihn seine Fuchsstute zu dem erwähnten Kreuz. Der Protagonist schaut auf und erlebt einen Aha-Effekt: „Lehrreich. Und was habe ich speziell daraus zu lernen? Was predigt dies Denkmal mir? Jedenfalls das eine, daß das Herkommen unser Tun bestimmt. Wer ihm gehorcht, kann zugrunde gehn, aber er geht besser zugrunde als der, der ihm widerspricht."

Am 30. März 1856 dröhnt vom St. James Park Kanonendonner herüber, dann erklingt heiteres Glockenspiel. Mit den Pariser Verträgen ist der Krimkrieg beendet! Für Fontane heißt das: *„Der Correspondenz wird das Todesurtheil gesprochen. Wie ihr Leben ohne Freude war, so ihr Tod ohne Schmerz."* Wentzel kehrt nach Berlin zurück, Fontane bleibt. Als Presseagent der Regierung und Mitarbeiter der Königlich Preußischen Gesandtschaft wird er seine Vorgesetzten über Diskussionen in der englischen Presse informieren und versuchen, diese propreußisch zu motivieren. Darüber hinaus sind die heimischen Zeitungen mit unterhaltsamen Korrespondenzen zu versorgen.

Am 23. April ziehen die Fontanes nach 23 Chepstow Place, Westbourne Grove (Bayswater). Emilie kann die Freude über den verlängerten Aufenthalt im *„Riesen-London"* nicht teilen. In Erwartung des nächsten Kindes möchte sie ihrem Mann nicht zur Last fallen. Als das Pfingstfest naht, drehen sich am Chepstow Place alle Gespräche um *„Reise, Heimath, Zukunft ..."* Am 18. Mai kehrt Emilie mit George und Elise nach Berlin zurück. Sie mietet ein Zimmer in der Puttkamerstraße 4, pflegt den erkrankten Sohn, verwendet sich für ihren Mann bei Dr. Ludwig Metzel, nimmt an den Treffen der Ellora teil und besucht ihre Freundin in Luckenwalde.

Fontane speist in der Simpson-Filiale Drury Lane. Seinen *„Kaffe"* nimmt er wie gewohnt im Divan, wo er lange Briefe schreibt oder in deutschen Zeitungen blättert. Abends besucht er diverse Debattierklubs. Ohne Familie zieht er vom Chepstow Place zurück in die New Ormond Street. Als das Gefühl von Leere und Einsamkeit überwunden ist, wachsen seinen Lebensgeistern Flügel. Bis Juli entstehen Beiträge für die *Vossische Zeitung*, ab Oktober für die *Kreuz-Zeitung* und später für *Die Zeit.* Unterstützung kommt von Heinrich Beta (Johann Heinrich Bettziech) einem Publizisten, der seit 1850 im Londoner Exil lebt und Fontanes Artikel ins Englische übersetzt. Die fest besoldete Stelle erlaubt, sich den Gepflogenheiten der britischen *middle class* zu widmen. *„Hier hab′ ich nun das Leben; die Dinge selbst, nicht mehr bloß ihre Beschreibung"*, erfährt der Tunnel- und Ellora-Freund Friedrich Eggers. *„Jede Stunde belehrt den alten Balladenmacher, daß jenseits des Berges auch Leute wohnen."* Der Stoff für spätere Romane wird in kleinen Reisetagebüchern festgehalten.

Auf Empfehlung der benachbarten Familie von Merckel kann Emilie drei Zimmer in der Bellevuestraße 16 mieten. Dorthin sendet Theodor ihre in London zurückgelassenen Spitzentaschentücher, zusammen mit *sweets* von Bainbridge und einem Tuschkasten für »boy George«. *„Das Gelb ist giftig!"*, schreibt er auf den Beipackzettel. Die Aufsätze ihres Mannes findet Emilie in der *Vossischen Zeitung,* ob zur Sonntagsmusik in Kensington Gardens, zur Kunstausstellung in der Regent Street, zum missglückten Stapellauf des Segeldampfers »Leviathan« (»Great Eastern«), zum Prozess um den dreifachen Giftmörder William Palmer oder zum Londoner Straßenlärm ... Für Theodor bedeuten solche Artikel ein willkommenes Zubrot.

Am 16. Mai 1856 wird die Verlobung des 24-jährigen preußischen Prinzen Friedrich (Fritz) Wilhelm mit der 15-jährigen britischen Prinzessin Victoria (Vicky) bekannt. Die Kronprinzessin sei einer *„minoren europäischen Dynastie"* ausgeliefert, moniert die *Times.* Dagegen verpflichtet sich der *Morning Chronicle* für eine Subvention von 2.000 Talern propreußische Beiträge zu übernehmen. Bereits nach achtzehn Monaten wird der Vertrag gelöst. Angeblich wegen *„mangelnder Energie und Beweglichkeit"* Fontanes. Der begründet die Aufhebung des Vertrages so: *„Der Engländer will sich über das Ausland nicht unterrichten; er ist apathisch mit Rücksicht auf den Kontinent ..."* (Bericht an Graf Bernstorff vom 6. November 1857).

Seiner Ehefrau klagt der Presseagent, in schlechter Kleidung herumlaufen zu müssen. *„Anstatt wie ein Gentleman leben zu können (was ich müßte, wenn ich meine Aufgabe in Wahrheit erfüllen wollte), leb ich hier wie ein armer deutscher Literat, mit klumpsigen Stiefeln, altmodischen, etwas abgeschabtem Frack und gar keinen oder schmutzigen Handschuhen ... Man nennt uns hier ohnehin 'dirty Germans', bis zu einem gewissen Grade haben sie recht."* Nach einem der üblichen Sonntagsmahle schreibt er in sein Tagebuch: *„Immer Hammel; ich kann es kaum noch aushalten; ich gäbe 1 Rthr. für eine Portion Schoten und Moorrüben oder für eine Satte saurer Milch. Mein Magen ist hin ..."*

Fontane lässt seine Leser selten über kulinarische Details im Unklaren: „Mahlzeiten sind heilig und gleich nach dem schlafenden kommt der essende Mensch". Zu seinem und Emilies Polterabend gibt es Spargel und Kalbskoteletts, zum Picknick in Hampton Court eine kolossale Hühnerpastete und zwei Königskuchen, Portwein und Champagner. In York Station wird Englisches Frühstück mit Hammelbraten und Eiern, Speck und geröstetem Weißbrot serviert. „Der größte Segen alles Reisens ist der, daß man sein Vaterland wieder lieben lernt", heißt es in Ein Sommer in London. In Berlin wird Paul Heyse zu „Kaffe und Kuchen von unangreifbarem Wert" geladen. Im Spreewald genießt man Hecht und „Spreewaldssauce" mit wenig Butter, aber viel Sahne ... Nach 1870 nutzt der Romancier jede Gelegenheit, um seine Protagonisten angeregt über Speisen und Getränke plaudern zu lassen.

Recherchen führen Fontane in die Universitätsstadt Oxford, wo er seinem Freund Max Müller – inzwischen Professor für neuere Sprachen und Literaturen – einen Gegenbesuch abstattet. *„Von den Städten Westeuropas hab' ich ein hübsches Häuflein gesehn, aber keine hat so mächtig, so bezaubernd auf mich eingewirkt"*, erinnert er sich in *Von Zwanzig bis Dreißig* (1898). Die Stadt Oxford – die *„Durchdringung von schöner Architektur, schöner Landschaft und reicher Geschichte"* – bleibt ihm in angenehmster Erinnerung. Nach zwei Tagen geht es hinauf nach Woodstock, Warwick, Kenilworth und

Stratford. Im Südosten Englands liegen Canterbury, Ramsgate und Margate. Auf dem Wege dorthin wird die Idee zu einem großartigen Projekt geboren: *„Die Marken, ihre Männer u. ihre Geschichte. Um Vaterlands- u. künftiger Willen gesammelt u. herausgegeben von Th. Fontane"* (Tagebuchnotiz vom 19. August 1856).

Am 30. August trifft Fontane zu einem mehrwöchigen Urlaub in Berlin ein. Er sucht den Geheimen Regierungsrat Immanuel Hegel auf, unternimmt mit Henriette von Merckel eine Spazierfahrt durch den Tiergarten, marschiert hinter einer Militärkapelle *„durch's Schloss"*, reist zu Verwandten nach Schiffmühle und Letschin, trinkt mit Pastor Schultz *„Kaffe"* in Bethanien und lädt Emilie, die sich inzwischen im siebenten Monat befindet, ins Café Kranzler ein … Am 4. Oktober reist er via München nach Paris. In der Seinestadt besucht er diverse Ausstellungen, diniert im Le Grand Véfour, 17 Rue de Beaujolais und im Café Riche, 16 Boulevard des italiens. Dort gönnt er sich am 18. Oktober *„Suppe, Filet, Fisch, Huhn und eine halbe Flasche Bordeaux"* – alles für 11 Franc (ca. 3 Taler). Die Frage „Paris oder London?" beantwortete Fürst Pückler mit Paris, Fontanes Antwort heißt London. Zurück in London zieht er am 23. Oktober mit dem Ehepaar Wilmot nach 92 Guilford Street (Bloomsbury).

Während Emilie in Neu-Ruppin unter Nervenkrämpfen leidet und George bei der Großmutter buchstabieren lernt, versucht sich Theodor in London als Kunstkritiker. In Friedrich Eggers' Zeitschrift *Deutsches Kunstblatt. Zeitschrift für bildende Kunst, Baukunst und Kunst*gewerbe erscheint sein Aufsatz über die Maler Joshua Reynolds, William Hogarth und William Turner, darauf folgt *Zwanzig Turner'sche Landschaften in Marlborough House.* Der Name Turner sei auf dem Kontinent kaum bekannt, behauptet der Kritiker mutig, nur wenige würden seine Bilder kennen. Da er unfähig wäre, *„einigermaßen correcte Menschen zu zeichnen"*, hätte der geniale Künstler die Farbe gewählt. *Er sei „ein Claude Lorrain mit einer Hildebrandt'schen [Eduard Hildebrandt] Beleuchtung".* Trotz aller Bewunderung bleiben Vorbehalte gegenüber Turners Spätwerk.

Weitere Aufsätze widmen sich den Modellen für das neue Wellington Monument, dem britischen Ehescheidungsrecht, dem schottischen Löwentöter Gordon Cumming, dem weltbekannten Epsom Derby oder dem Londoner modernen Shakespeare-Theater. Aus allem saugt der Journalist seinen

„*Honig*". So virtuos Turner mit Farbe hantiert, so großzügig schwingt Fontane die Feder, denn er weiß sehr wohl um das Erfolgsgeheimnis von Nachrichten: Das Wissen des Lesers muss aufgegriffen und in neuem Gewand präsentiert werden. Den Ausschlag für die Glaubwürdigkeit gibt nicht der persönliche Augenschein, sondern das Schreibtalent.

Von 1860 bis 1870 – längst zurück auf dem Kontinent – versorgt Theodor Fontane als »unechter Korrespondent« die Kreuz-Zeitung mit Korrespondenzen aus London, zum Beispiel über den verheerenden Brand in der Cotton's Wharf, Southwalk vom 22. Juni 1861. Unter der Überschrift Das große Feuer und die Taschendiebe schreibt *†* am 26. Juni: „Die Nachricht von dem großen Feuer [...] wird bereits zu Ihnen gekommen sein. Ich war heute dort, um mit meiner Neugierde hinter Hunderttausenden nicht zurückzubleiben. Mein Begleiter hatte eine Art Passepartout, und so konnten wir, trotz der Kordonlinie, die den Schauplatz absperrt, bis in eine gewisse Nähe vordringen. Der Anblick ist furchtbar, und man sieht auf die Brandstätte wie auf eine Kraterstadt; [...]. Übrigens haben, während und nach dem Feuer, die Taschendiebe einen ihrer glänzendsten Fischzüge ausgeführt. Nur allein vor dem City-Polizeigericht standen gestern 20 auf Taschendiebstahl beim großen Feuer Angeklagte und 11 von ihnen wurden wegen gestohlener Uhren verurteilt. Sie sehen, es geht hier alles ins Große, wenigstens ins Massenhafte."

Am 3. November 1856 wird in der Bellevuestraße 16 der kleine Theo jun. (Theodor Heinrich) geboren. „*Also wieder doch ein Junge!*", schreibt Fontane seiner Frau. „*Eine Schönheit scheint es wieder nicht zu sein, wenigstens kann ich mir nicht denken, daß Schönheit und »Aehnlichkeit« mit Wentzel neben einander bestehn können.*" Fontanes Mutter, seine Schwester Elise sowie die Amme Marie – „*hübsch, 18 Jahr und Zwillinge*" – nehmen sich des Neugeborenen an. Emilie ist froh, der Todesgefahr wieder einmal entronnen zu sein, und weist jede Ähnlichkeit des „*kleinen Engländers*" mit Rudolph Wentzel zurück. George wird mit zwei Tüten *sweets* über die fehlende Schwester hinweggetröstet. Ihre eigenen Entbehrungen bezeichnet Emilie als „*Spaß gegen alles Schwere*", was Theo sen. gerade durchmache. Dass ihm die hübsche Amme vorenthalten bleibt, bedauert sie nicht.

Mitte Dezember kommt Post von der »Familienseelentrösterin« (Chr. von Brühl) Henriette von Merckel: Emilie leidet an Unterleibsentzündung. Aber schon nach wenigen Tagen befindet sie sich auf dem Weg der Besserung. Theodor Fontane erledigt vorweihnachtliche Einkäufe: ein Geldtäschchen und ein Kleid von Dawes & Edwards für Emilie, gleich vier Kleider für Frau von Merckel und Samtstoff für George, für sich einen Büffelrock als Ersatz für den gestohlenen Pelz. Den Weihnachtsabend 1856 verbringt Theodor bei der Familie des preußischen Legationssekretärs Maurice Alberts. Erst im neuen Jahr treffen die Geschenke ein: Pfefferkuchen und Briefe, Zeichnungen von George und Storms *Hinzelmeyer. Eine nachdenkliche Geschichte* (1852) – ein Geschenk der Ellora-Freunde.

Während Theodor seiner Arbeit nachgeht, nimmt Emilie bei Mrs. Nessler am Hausvogteiplatz Englischstunden. Oft genug hat sie lesen müssen, dass beim nächsten Londonaufenthalt *„mehr Kenntniß des Englischen"* unerlässlich sei, um *„nicht wie Matz Pumpe vor Dresden"* dazustehen. Doch bevor London kommt, kommt Theodor. Ende März lässt er sich in Berlin neu einkleiden, spricht beim Ministerpräsidenten Otto von Manteuffel vor und stattet Dr. Metzel einen Besuch ab. Außerdem nimmt er an Tunnel- und Ellora-Sitzungen teil und bringt sich bei der Verwandtschaft in Erinnerung. Nach vier Wochen kehrt er halb krank an die *„schöne, noble Küste"* Englands und zu den *„hübschen artigen Menschen"* zurück, *„alles adrett, ohne Thuerei und Geräusch".* Unterkunft bietet fürs Erste das St. Paul's Hotel, 6 St. Paul's Churchyard (Covent Garden), ab 6. Mai leistet er sich eine elegante Wohnung in 9 East Compton Street, Brunswick Square (Bloomsbury).

Schon bald gerät das ohnehin ambivalente Großbritannien-Bild erneut ins Wanken. Aus der Presse wird bekannt, wie grausam die Aufständischen von Cawnpore (Kanpur) – ein aus Hindus und Muslimen bestehendes Kavallerieregiment der Ostindien-Kompanie – britische Frauen und Kinder töteten. Das Schreckgespenst des *„wilden Eingeborenen"*, der es auf Angehörige der britischen Kolonialmacht abgesehen hätte, lässt die Opfer des Krimkrieges vergessen. Erst am 20. September wird Delhi zurückerobert. Während die englische Presse die rücksichtslose Niederwerfung der indischen Sepoy rechtfertigt, empfindet Fontane Sympathie für das *„mit stupider Selbstüberschätzung niedergetretene Volk".* Königin Victoria verurteilt den unchristlichen Rachefeldzug ihrer Soldaten, das Parlament erklärt die Ostindien-Kompanie für aufgelöst.

Der *Government of India Act* vom 2. August 1858 macht Britisch-Indien zur Kronkolonie und die Monarchin zur *Empress of India*. Die Armee wird mit britischen Offizieren verstärkt und kommt künftig auch außerhalb der Kronkolonie zum Einsatz.

Der Aufstand der Sepoy bildet den Anlass für Fontanes Ballade Das Trauerspiel von Afghanistan (1859). Historischer Hintergrund ist der Erste Anglo-Afghanische Krieg (1839–1842) zur Sicherung der britischen Vormachtstellung in Zentralasien. Im November 1841 wagte die Bevölkerung von Kabul den Aufstand, bereits im Dezember standen 4 500 britisch-indischen Soldaten 30 000 afghanische Kämpfer gegenüber. Die britischen Befehlshaber kapitulierten, am 6. Januar 1842 traten 12 000 Zivilisten, 690 britische und 2 840 indische Soldaten den Rückzug zum Stützpunkt Dschalalabad an. Obwohl freies Geleit zugesichert worden war, wurde der Tross am 8. Januar auf dem 1 070 Meter hohen Chaiber-Pass angegriffen. Fünf Tage später kam es zur Schlacht von Gandamak. Der junge Militärarzt Dr. William Brydon erreichte als einziger Dschalalabad, um die Kunde von der schmachvollen britischen Niederlage zu überbringen. „Mit dreizehntausend der Zug begann, / Einer kam heim aus Afghanistan", heißt es in Fontanes Ballade. In zwei weiteren anglo-afghanischen Kriegen – bezeichnenderweise »Great Game« genannt – setzte sich das Trauerspiel fort.

Von Mai bis Oktober 1857 steht die *Exhibition of Art Treasures of the United Kingdom* im Mittelpunkt medialen Interesses. In Manchester werden 16 000 Werke aus privaten Sammlungen präsentiert, die in sechs Monaten mehr als 1 250 000 Besucher anziehen werden. Vom 28. Juni bis 9. Juli hält sich Fontane in der „Rainy City" auf. In elf Briefen *Aus Manchester* (1860) führt er seine Leser durch die Ausstellungsräume und vermittelt ihnen seine Sicht auf die Kunstwerke. Als Ratgeber fungieren der Kunsthistoriker Gustav Friedrich Waagen sowie der Journalist und Rütli-Freund Titus Ullrich.

Mit der Liverpool and Manchester Railway (L&MR) ist man schnell in Liverpool. Dort stehen nicht etwa die Elendsviertel der Arbeiter im Fokus, sondern die amerikanische Fregatte »USS Niagara«. Fontane glaubt die wachsende Macht der „*transatlantischen Vetter*" zu spüren. „*Die junge Kraft wächst rascher als die alte*", warnt er, „*und die bange Frage drängt sich auf: was ist das Ende davon?!*"

Der Bauch des riesigen Schiffes soll das 400 deutsche Meilen lange Unterwasserkabel aufnehmen, das für die telegrafische Verbindung England-Nordamerika benötigt wird.

Fontane wird für weitere drei Jahre als Presseagent bestätigt, sein Gehalt soll im folgenden Jahr auf 1.500 Taler erhöht werden. Der Familiennachzug erfolgt glücklicherweise schneller. Emilie löst den Haushalt auf, bereits am 27. Juli 1857 wird sie mit den Söhnen George und Theo sowie dem Hausmädchen Rosalie Hertwich an den St. Katherine's Docks (London Borough of Tower Hamlet) erwartet. Das erste gemeinsame Diner hat der Familienvater in der East Compton Street vorbereitet. Bereits am 10. August erfolgt von dort der Umzug nach 6 St. Augustine's Road (Camden), wo eine Blue plaque an den „German Writer and Novelist" erinnert. Verglichen mit Deutschland sei das viktorianische Gebäude „*prächtig*" zu nennen, nach Londoner Maßstäben „*nur eben anständig*", beanstandet der Hausherr. Dennoch schwärmt er in einem seiner späteren Gelegenheitsgedichte:

Über Land und über Meer,
immer hin und immer her,
Glück und Unglück up und down,
endlich Ruh in Camden Town.

Nachdem das Gehalt bereits rückwirkend zum 1. Juli auf 2.000 Taler erhöht worden ist, trifft man die Fontanes in Einrichtungs- und Konfektionsgeschäften, Restaurants (Austern sind ihre Spezialität) und Konditoreien. Am 14. August wird Georges sechster Geburtstag gefeiert (ab September besucht er einen Kindergarten), am 14. November Emilies dreiunddreißigster. Am 3. Dezember verfolgt die gesamte Familie die Prozession anlässlich des *State Opening of Parliament.* Anders als ihre Vorgänger und Nachfolger lässt sich Königin Victoria bei der Eröffnung der neuen Parlamentssession gern durch den Lordkanzler, in diesem Falle Robert Rolfe, erster Baron Cranworth vertreten.

Zum Weihnachtsfest bekommt George die *Geschichte von der Rapunzel,* einen von seinem Vater getuschten Bilderbogen. Emilie erhält ein Kleid von Edwards & Dawes sowie ein Abonnement der Satirezeitschrift *Kladderadatsch.* Zu Theodors achtunddreißigsten Geburtstag überraschen Emilie und George mit dem selbstverfassten Gedicht *Leuchtet Lichtlein Hell in seine Seele ...* An den Festtagen bleibt die Familie unter sich, Sprachprobleme und die laut Emilie „*ganz ärmlichen Verhältnisse*" beeinträchtigen den Kontakt mit Einheimischen. Eine Ausnahme bildet die Nachbarsfamilie Merington, deren Tochter Martha sich um George kümmert. Silvester kann man in der Heimat den Aufsatz *Des armen Mannes Weihnachtsbaum. London 24. Dec* von *†* lesen.

Als Theodor und Emilie Fontane der Gesandtschaft am 1. Januar 1858 ihre Neujahrsgrüße überbringen, hoffen sie gleichzeitig auf Informationen zu den bevorstehenden Hochzeitsfeierlichkeiten. Wünscht das preußische Königshaus die Hochzeit des Thronfolgers in Berlin, besteht Königin Victoria darauf, dass sich ihre Tochter Vicky in London vermählt. Obwohl Dr. Metzel auf detaillierte Korrespondenzen drängt, kann Graf Bernstorff vorerst nur mit dürftigen Fakten aufwarten. Am 23. Januar finden sich die königlichen Hoheiten zu einer Soirée in der preußischen Gesandtschaft ein, zwei Tage später führt die Königin ihre Tochter zum Traualtar. Fontane publiziert dazu eine mehr oder weniger gelungene Artikelserie in *Die Zeit*. Die lustvolle Betonung pikanter Zwischenfälle stößt wiederholt auf Kritik. Zum Einzug der Prinzessin Victoria (Vicky) am 8. Februar in Berlin entsteht das Huldigungsgedicht *Willkommen (Zur Begrüßung Ihrer Königlichen Hoheit der Prinzessin Friedrich Wilhelm,* 1858*):*

In Segen und in Frieden

kommst Du – Victoria!

Noch immer treffen in der St. Augustine´s Road verspätete Weihnachtsgrüße und Bücherpakete ein, darin Karl Leberecht Immermanns Satire *Münchhausen* (1838). Unter den Protagonisten, die ihre Arabesken erzählen, befindet sich »Semilasso« (lat. der Halbmüde) alias Fürst von Pückler-Muskau. Immermann lässt seinen Intimfeind unter dessen zweitem Pseudonym auftreten. »Semilasso« ist orientalisch gekleidet und mit einem türkischen Ochsenkarren unterwegs. Ziemlich penetrant fragt er einen jungen Jäger: „*Wie entstehen die Menschen? Wie entstehen sie denn, mein Bester? Der Schwächling heiratet die kräftige Jungfrau, der kräftige Mann die Bleichsüchtige, häufig kommen auch Hektik und Hektik zusammen. Was für Kinder muß das geben? Auf das Physische wird gar nicht mehr gesehen, es ist, als ob wir nichts als Geist, Rücksicht, Verhältnis, Geld wären. Daher rührt denn das matte, aschgraue, totlebendige Geschlecht.*"

Ohne eine Reaktion abzuwarten gibt »Semilasso« selbst die Antwort: *„Will man wieder ein munteres, geistreiches, poetisches, lebensfrisches Menschengeschlecht haben, so muß man vor allen Dingen für Vollblut sorgen, man muß Rasse stiften. Reine Kreuzungen, reine Kreuzungen, junger Freund, darauf kommt es an! Daß aber diese nicht möglich sind, wenn wir gewisse veraltete Meinungen und Formalitäten festhalten, leuchtet ein."* »Semilasso«, der diese Gedanken mit großem Feuer vorträgt, lässt offen, ob er auch bei seinen Standesgenossen Vollblut zu schaffen für möglich halte; Vollblut nicht im aristokratischen, sondern im physischen Sinne. Aber mit graziösem Lächeln erklärt er: *„Ich bedaure nur eins, daß ich nicht mehr in den Jahren bin, um selbst praktisch die Sache angreifen zu können, ich werde mich leider auf die Verwaltung beschränken müssen, auf die trockene Verwaltung."* Die Fontanes lesen sich Immermanns Arabesken gegenseitig am Kamin vor und amüsieren sich köstlich.

Der *Kreuz-Zeitung* hat Fontane inzwischen gekündigt, bleibt aber ihr freier Mitarbeiter. Henriette von Merckel vertraut er an, seine zahlreichen Englandbriefe in Buchform herausgeben zu wollen. Eine Zeitungsnummer lebe doch nur 12 Stunden … Ihrem Ehemann klagt er ein Leben ohne Reiz und Freude, *„ein kühles Amphibiendasein"* zu führen. Vorsichtig erkundigt er sich nach der Entwicklung in Preußen: Ist eine Amnestie zu erwarten? Wackelt Manteuffel? Nach drei Jahren der *„Verbannung aus der Heimat"* wüsste er gern, was ihm in Zukunft bevorstehe. Wilhelm von Merckel ist der Meinung, sein *Point de vue* müsse der Staatsdienst sein: Legationssekretär bei der Gesandtschaft oder Expedierender Sekretär im Auswärtigen Ministerium … Merckel schreibt den Nachruf auf den am 18. März 1858 überraschend verstorbenen Franz Kugler (Hagedorn). Er selbst verstirbt nur drei Jahre später.

Fontane laboriert an chronischen Hals- und Lungenbeschwerden. Um sich gegen künftige Krankheitsfälle zu wappnen, unternimmt er Ausflüge in die Natur: zum Regent´s Park und nach Primrose Hill, aber auch in die Midland Counties – *„ein köstlich Land, das den Namen 'Das Herz von England' aus mehr als einem Grunde führt."* Da die Zuwendung für eine Kur im niederschlesischen Heilbad Salzbrunn ausbleibt, will Fontane das lange geplante Schottland-Projekt in Angriff nehmen. Als Reisebegleiter wird Bernhard von Lepel auserkoren, der bereits am 5. August in London eintrifft.

An den folgenden Tagen werden Einkäufe erledigt und einschlägige Sehenswürdigkeiten besucht, darunter die im gotischen Stil errichteten Parlamentshäuser und das Café Kühn's, 21 Hanover Street (Mayfair).

Fontanes Herz schlägt nicht so hoch wie bei der ersten Londonreise, doch die Vorfreude auf die Heimat von James Macpherson, Robert Burns und Sir Walter Scott lässt sich nicht verhehlen. *„Nach Schottland also!"* Land und Leute versprechen Stoff für lange Berichte. Es ist die Geburtsstunde des Reiseschriftstellers Theodor Fontane. Ausgangspunkt des Unternehmens ist King's Cross Station, wo die beiden Freunde am 9. August in den Spätzug der North Eastern Railway steigen. Jenseits des Tweed erkennt Fontane bald, dass das wirkliche Schottland wenig mit den von Sir Walter Scott beschriebenen Schauplätzen gemein hat. Und Lepel wäre ohnehin lieber zur Sole- und Molkenkur nach Reichenhall (Oberbayern) gereist. Aber: *„Eine Reise an der Seite eines Freundes ist eine Freundschaftsprobe, wie die Ehe eine Liebesprobe ist."*

Am 24. August sind die Freunde zurück in London. Sie haben die Prüfung bestanden, die *„heiteren Reisegötter"* sind ihnen hold gewesen! Trotz aller Ernüchterung ist es die poetischste Reise, die Fontane je erleben wird. Und *Jenseit des Tweed. Bilder und Briefe aus Schottland* (1860) – mit einer Vorbemerkung an den Freund Bernhard von Lepel gerichtet – wird sein persönlichstes Buch.

Am 7. Oktober 1858 kommt aus dem Telegrafen die Nachricht, Prinz Wilhelm Friedrich habe in Preußen nun offiziell die Regentschaft übernommen. Am 6. November wird das verhasste Manteuffel-Ministerium entlassen. Fontane, der Manteuffel sein Brot verdankte, ahnt, was in der »Neuen Ära« (Herbst 1858 bis Frühjahr 1862) auch ihm bevorsteht. Obwohl ihn sein Vertrag noch zwei Jahre bindet, will er *„mit Manier"* nach Berlin zurückkehren, während seine Frau den Londoner Haushalt auflöst. Der siebenjährige George bleibt bis zum Ende des Schuljahres in der Obhut der Familie Merington.

Neuer preußischer Ministerpräsident wird Karl Anton Fürst von Hohenzollern-Sigmaringen. Sein Stellvertreter, der Staatsminister Rudolf von Auerswald, zeigt Verständnis für die Situation des Presseagenten und stellt mit dessen Abberufung eine Abfindung von 2.000 Talern in Aussicht.

Am 15. Januar 1859 lässt Fontane in Gesellschaft zahlreicher Exilanten London und die englische Küste hinter sich. Bye-bye Britannia! Es bleibt die Hoffnung, Preußen werde künftig einen liberaleren Kurs einschlagen …

Alles Alte, soweit es Anspruch darauf hat, sollen wir lieben,

aber für das Neue sollen wir recht eigentlich leben.

Theodor Fontane, *Der Stechlin* (1895–1897)

Abb. 21 Logo *Neue Preußische (Kreuz-) Zeitung*

Wiedererwachen in der Neuen Ära

Am 17. Januar erreicht der Heimkehrer Berlin, wo er zunächst im Hôtel de Pologne, Dessauer Straße 38 absteigt: *„Eine höh're Berliner Räuberhöhle; Details unbeschreibbar und der mündlichen Erzählung vorbehalten."* Wenige Tage später zieht er in die Dessauer Straße 31. *„Commodité (dreckig und eigentlich entsetzlich) hinten auf dem Hof"*, klagt er seiner Frau. Die Berliner Bequemlichkeiten seien noch immer nicht mit den Londoner zu vergleichen. Wenn Emilie und Theo jun. von dort zurück sind, wird die Familie in der Perlewitzschen Pension, Jerusalemer Straße 29 unterkommen. Bis dahin verwöhnen die Merckels ihren Gast mit Brühsuppe, sauren Kartoffeln mit Rindfleisch und Spickgans sowie Sauerkraut mit Hasenbraten. Dazu gibt es Rotwein – *„alles wie gewohnt liebenswürdig und gut"*. Fontane ist nicht für halbe Portionen.

Die Einwohnerzahl der preußischen Hauptstadt ist inzwischen auf mehr als 550 000 gestiegen. Was den Heimkehrer entsetzt, sind die *„verzerrten Gesichter"* der Berliner. Ohne Freude, oft auch ohne Hoffnung – wie nach einer vertanen Chance. Dr. Julius von Jasmund, bis Juni 1859 Dr. Metzels Nachfolger, verhält sich dem *„Manteuffelschen Apostel"* gegenüber wie ein Gentleman, aber das erhoffte *„Pardon"* gibt auch er nicht. Sowohl die Übernahme in den gehobenen Auswärtigen Dienst als auch die Anwartschaft auf den Feuilleton-Teil der *Kreuz-Zeitung* bleiben Fontane verwehrt. Er wird sich als freier Journalist durchschlagen müssen.

Da kommt von Paul Heyse (Hölty II) der Hinweis, der bayerische König suche einen literarischen Amanuensis (*„litterarischen Sekretär"*). *„Anstatt vogelfrei in der Mark herumzustreifen, setz dich auf die Eisenbahn und komm her"*, fordert Heyse. Seine Schwiegermutter (Clara Kugler) sei beseelt von dem Gedanken, die Fontanes in München zu wissen. Auch die Tunnel-Freunde reden zu. Vom 24. Februar bis zum 28. März 1859 wartet Fontane im Augsburger Hof, Schützenstraße darauf, von Maximilian II. Joseph vorgelassen zu werden. Schart der kunstsinnige König doch wöchentlich die geistige Elite Münchens um sich – darunter das zugezogene *„Nordlicht"* Heyse.

Paul Heyse war 24 Jahre jung, als er mit einer jährlichen Pension von 1.000 Gulden von Berlin nach München gelockt wurde. Zunächst hieß es, er solle die vom König veranstalteten Symposien bereichern. Schon bei der ersten Audienz ließ Maximilian II. die Katze aus dem Sack: Heyse sollte ihn auf Reisen begleiten und der Königin Marie als Vorleser dienen. Heyse arrangierte sich, machte Karriere und betätigte sich als Mäzen zahlreicher Dichterkollegen. 1874 bezog der »bayerische Dichterfürst« eine neoklassizistische Villa in der Luisenstraße 22.

Obwohl dem König einige Balladen bekannt sind, kann er mit dem Namen Theodor Fontane nicht viel anfangen. So beschränkt sich die Audienz auf freundliche Worte. Der begehrte Posten werde vorläufig nicht vakant, heißt es, aber der König wünsche „eine stattliche Reihe bayerischer Balladen entstehn zu sehn". Er solle sich qua Poet melden. Nach fünf Wochen bleibt der bittere Nachgeschmack, die Zeit in München sinnlos vertan zu haben.

Indessen hat Emilie für den Sommer eine Wohnung in der Potsdamer Straße 33 gemietet. Fontane kann seine Englandbriefe erfolgreich in mehreren Zeitungen unterbringen, aber die Schlagzeilen bestimmen andere Ereignisse. Napoleon III. ermutigt Sardinien-Piemont zur Befreiung von der habsburgischen Vorherrschaft. Für den militärischen Beistand lässt sich Frankreich die Angliederung des Herzogtums Savoyen und der Grafschaft Nizza garantieren. Wird Preußen an der Seite Österreichs gen Frankreich marschieren? Fontane spielt mit dem Gedanken, des Broterwerbs wegen als „Train, Magazininspektor oder Lazarettapotheker" in die preußische Armee einzutreten. Schließlich wird er von der Centralstelle für Preßangelegenheiten zum Vertrauenskorrespondenten bestellt. Ab Oktober heißt die neue Adresse Tempelhofer Straße 51, dort wird am 21. März 1860 die Tochter Martha (Mete) geboren.

Im Oktober 1859 wird Fontane für ein Jahr zum „Angebeteten Haupt" des Tunnels über der Spree gewählt. Als ein Glücksfall erweist sich die Bekanntschaft mit Mathilde von Rohr, deren literarischer Salon sich in der Behrenstraße 72 befindet. Die 49-jährige Konventualin, „ein Musterstück einer märkischen alten adligen Dame", bringt ihm nicht nur großes Verständnis entgegen, ihrer Korrespondenz verdankt Fontane zahlreiche Anekdoten und Details. Obwohl ihm Schein und Sein zuwider sind, ahnt er, dass „die Sorgen und Nöte der Aristokraten" niemals an Reiz verlieren werden. An seine Tochter schreibt Fontane später: „Das Bourgeoisiegefühl ist das zur Zeit maßgebende, und ich selber, der es gräßlich finde, bin bis zu einem gewissen

Grade von ihm beherrscht" (Brief vom 25.08.1891). Seine Romane werden zum Fundus für jeden, der Interesse an der preußischen Geschichte und Freude an der deutschen Sprache hat.

Eine inoffizielle Information an die *Hamburger Nachrichten* bedeutet das Aus als Korrespondent der preußischen Regierung. Fontane hält eine Folge von Vorträgen im Arnim´schen Lokal, Unter den Linden 44. Zeitungsartikel bringen dem *„verengländerten"* Journalisten weitere Honorare. Am 1. Juni 1860 übernimmt er die Redaktion des englischen Artikels der *Kreuz-Zeitung*: Fixum 600 Taler, in Aussicht gestellter Dazuverdienst 400 Taler. Als »unechter (Auslands-)Korrespondent« berichtet er „aus London".

Im Sommer 1859 beginnen Fontanes Wanderungen. Der erste Ausflug führt ihn und Bernhard von Lepel in die Grafschaft Ruppin. Und wieder bewahrheitet sich der Ausspruch: *„Erst die Fremde lehrt uns, was wir an der Heimat besitzen."* Zwei Wochen später geht es mit dem Provinzialschulrat Karl Bormann, dem Schriftsteller Otto Roquette und dem Kunsthistoriker Wilhelm Lübke in den Spreewald. Am 6. August rollt die Nachtpost durch das Hallesche Tor, am Sonntagvormittag erreicht die illustre Gesellschaft Lübbenau (nso. Lubjnow), die *„Hauptstadt und unbestrittene Spreewaldresidenz"*. Vom Hotel Zum braunen Hirsch führt sie der Kantor Christian August Klingestein zum Lynarschen Park. An der Verlobungsallee (heute Schlossbezirk) wartet die Gondel zur *„Spreewaldsfahrt"*. Nicht die Lagunenlandschaft an sich, sondern Land und Leute – auch die Traditionen der Wenden – stehen im Mittelpunkt des Interesses.

Den Park des Grafen Hermann Rochus zu Lynar hebt sich Fontane als *„Reisedessert"* für den nächsten Morgen auf. Ihn beeindruckt besonders das nordöstliche Areal. Edeltannen und moosbewachsene Steinbänke, die Spree mit Schilfufer und Erlengebüsch erinnern ihn an Warwick-Castle – an die Wiesengründe *„des Herzens von England"*. Als sich die Gespräche eben um das Lynarsche Wappen und den Schlangenkönig drehen, klingt aus der Stadt das Posthorn herüber. In Staub und Mittagshitze geht es durch die *„märkische Wüstenei"* zurück nach Berlin. Fontane ist es ein Bedürfnis, *„an einem großen Mittelpunkte zu leben, [...] ein solches Schwungrad in nächster Nähe sausen zu hören."* Ein weites Feld für den künftigen Theaterkritiker und Romancier ...

Abb. 22 Theodor Fontane um 1860

Abb. 23 Fürst Pückler um 1862

Fürst Pückler begegnet Theodor Fontane

Am frühen Nachmittag des 31. August 1859 genießt Hermann Fürst von Pückler-Muskau kaltes Frühstück mit englischem Zubehör. Nein, nach Ausfahren ist dem 74-Jährigen in sommerlicher Hitze nicht zumute. Überhaupt ist ihm Einsamkeit inzwischen angenehmer als *„das insipide Leben in der großen Welt".* Auch von seinen Gästen möchte er möglichst nicht gestört werden. Hier in Branitz kann jeder nach seiner Façon glücklich werden: lesen oder umher spazieren, ausfahren oder reiten … *As you like it.* Abends um 9, wenn der Tamtam zum zweiten Mal donnert, trifft man sich zum Dinner. Nur Krankheit dispensiert von dieser Pflicht. Nach dem Kaffee ist jedes Menschenkind wieder frei.

Zu Pücklers Frühstücksritual gehört der Blick in die *Kreuz-Zeitung.* Als Geschäftsmann beginnt er hinten zu lesen, denn dort stehen die »Börsen- und Marktberichte«. Danach widmet er sich den »Inseraten«: *Keine weißen Haare mehr* verspricht die Ancienne Maison Henri, Unter den Linden 26. – Mag diese Tinktur durchaus geruchlos und ungefährlich sein, seit dem Verlust seiner »Schnucke« hat Pückler nicht mehr nötig sich die Haare zu färben.

Sein Blick fällt auf »Vermischtes«: 16 Stuten und 30 Hengste aus dem Königlichen Hauptgestüt Trakehnen befinden sich auf dem Weg nach Berlin. Darunter ein Grauschimmel, der überall Aufmerksamkeit erregt. Er ist für Seine Königliche Hoheit den Prinzregenten bestimmt. – Pückler erinnert sich sofort an seinen Silberschimmel Zarif O. A., den er als Jährling in der Wüste von Hama den Ruala-Beduinen abgekauft hat: ein unglaublich schönes Tier mit besonders feinem Fell.

Jeden nahm der charmante Hengst für sich ein. Die Stellung seiner Sprunggelenke war nicht ganz ohne Tadel, aber Pücklers Ruf als Züchter drang bis nach Tarputschen in Ostpreußen.

Die Rubrik »Ausland« beginnt mit ITALIEN: Der Großherzog von Toskana reist von seinem Pariser Exil nach München, um der Königlichen Familie einen Besuch abzustatten. Außer England seien alle Großmächte auf seiner Seite, liest Pückler, mit aller Entschiedenheit auch Seine Königliche Hoheit, der Prinzregent von Preußen. Man will die Restauration der legitimen Fürsten von Italien unterstützen. Kaiser Napoleon III. hat das Verfassungsprojekt des Großherzogs in allen Punkten gebilligt, doch zunächst ist nichts zu tun. Bis zur Unterzeichnung des Friedens von Zürich müssen die Dinge eben ihren Gang gehen. – Pückler stutzt: Auf Rechnung der revolutionären Regierung in Florenz sind in Paris Gewehre angekauft worden … ?

GROSSBRITANNIEN: Der stürmische Baptistenprediger Mr. Spurgeon hat den Grundstein für sein Tabernakel gelegt – inmitten eines wahren Elysiums von bunten Flaggen, hohen Laubgerüsten, vielfarbigen Lampen und Teetischen. *„Jedes Leben hat seinen Höhepunkt. Man kann im kräftigsten Streben begriffen sein und sich nach diesem und jenem Erfolge zur Erreichung hoher und immer höherer Ziele befähigt glauben"*, schreibt die Zeitung. *„Einmal gelangt man doch auf die höchste Sprosse seiner Leiter, und danach heißt's langsam zurück".* – Diesem Satz kann Pückler nur beipflichten. Aber gibt es denn nichts Schönes zu berichten?

Unter der Rubrik »Berliner Zuschauer« ist zu lesen: Im Verein zur Beförderung des Gartenbaues spricht der Generalsekretär Professor Karl Heinrich Koch über den Ausflug von Vereinsmitgliedern nach Wörlitz. – Der Koch und seine Liebe zur Dendrologie und Gartenkunst … Pückler muss lächeln. Hat ihn Koch nicht davor gewarnt, *„in einer solch trostlosen Gegend"* wie Branitz einen zweiten Landschaftspark anzulegen? Aber er hat sich nicht irritieren lassen und sich auch noch an den Westpark gemacht. Branitz wurde Kochs Lieblingsaufenthalt. 1858 empfahl er die Aufnahme Pücklers in den Gartenbauverein, und die Tupidanthus pueckleri (Schefflera pueckleri Frodin) erhielt sogar seinen Namen.

Auf Seite 1 angekommen, fällt der Blick auf das »Feuilleton«: IN DEN SPREEWALD, *Erster Teil Lübbenau. Th. F.* – Moment mal: Theodor Fontane ist in Lübbenau gewesen, bei seinem Großcousin Hermann – kaum fünf Meilen von Branitz entfernt? Ja, gehört denn Cottbus nicht zu den historischen Städten, Carl Blechen nicht zu den genialen Künstlern? Hat Branitz nicht auch ein Schloss, einen englischen Park und schöne Seen? Augenblicklich ist es mit der Ruhe vorbei: Der Fürst ist entschlossen, den Englandkenner nach Branitz einzuladen. Aber wo wohnt er jetzt, wo wandert er gerade ...? Sein Hofarchivar Christian Friedrich ist bestens vernetzt, er wird es wissen.

Abb. 24 Fontane im Spreewald

4. Literaturverzeichnis:

Aretz, Gertrude: Die elegante Frau. SEVERUS Verlag / Imprint der Diplomica Verlag GmbH Hamburg 2012

Arnim, Gräfin Sophie von: Goethe und Fürst Pückler. Verlag v. Zahn & Jaensch Nachf. Dresden 1932

Assing, Ludmilla: Fürst Hermann von Pückler-Muskau. 2 Bde. 1873 und Berlin 1874

Augusta von Preußen. Die Königin zu Gast in Branitz. Edition Branitz 13 © Stiftung Fürst Pückler Museum Park und Schloss Branitz. Druckzone GmbH & Co. KG Cottbus 2017

Aus der Au, Carmen: Theodor Fontane als Kunstkritiker. De Gruyter GmbH & Co KG, Berlin 2017

Berbig, Roland: Theodor Fontane Chronik. Walter de Gruyter GmbH & Co KG, Berlin 2010

Böhmer, Sebastian: Fingierte Authenzität. Georg Olms Verlag. Hildesheim Zürich New York 2007

Bowman, Peter James: The Fortune Hunter. A German Prince in Regency England. Signal Books Oxford 2009

Bowman, Peter James: A Mutually Gratifying Relationship. Goethe and Hermann von Pückler-Muskau. In: Routledge Taylor & Francis Group, Publications of the English Goethe Society, 2017 (Vol. 86, No. 1. pages 1–28)

Brück, Marion: Sontag, Henriette. In: Neue Deutsche Biographie 24 (2010), S. 583-585

Brühl, Christine von: Gerade dadurch sind sie mir lieb. Theodor Fontanes Frauen. Aufbau Verlag GmbH & Co. KG Berlin 2018

Craig, Gordon A.: Über Fontane. Verlag C. H. Beck München 1997

D´Aprile, Iwan-Michelangelo: FONTANE. Ein Jahrhundert in Bewegung. Rowohlt Verlag GmbH Reinbek bei Hamburg 2018

Die grüne Fürstin. Lucie von Hardenberg – die Frau Fürst Pücklers. Edition Branitz 5 © Stiftung Fürst Pückler Museum Park und Schloss Branitz. Druckzone GmbH & Co. KG Cottbus 2010

Ehlich, Konrad: Fontane und die Fremde, Fontane und Europa. Verlag Königshausen & Neumann GmbH Würzburg 2002

Englandsouvenirs. Fürst Pücklers Reise 1826 – 1829 © Stiftung Fürst-Pückler-Park Bad Muskau. Verlag Graphische Werkstätten Zittau GmbH 2005

Erler, Gotthard (Hg.): Theodor Fontane. Große Brandenburger Ausgabe. Emilie und Theodor Fontane. Dichterfrauen sind immer so. Der Ehebriefwechsel 1844 – 1857. Aufbau-Verlag GmbH Berlin 1998

Erler, Gotthard (Hg.): Theodor Fontane. Große Brandenburger Ausgabe. Emilie und Theodor Fontane. Geliebte Ungeduld. Der Ehebriefwechsel 1857 – 1871. Aufbau-Verlag GmbH Berlin 1998

Eversberg, Gerd: Theodor Storm. Künstler – Jurist – Bürger. Weimarer Verlagsgesellschaft in der Verlagshaus Römerweg GmbH Wiesbaden 2017

Farin, André: Wilhelm Malte zu Putbus und seine Fürstenresidenz auf der Insel Rügen. Rügen-Druck Putbus, 6. Auflage 2015

Fontane, Theodor: Ein Sommer in London. Mit einem Nachwort von Harald Raykowski. Insel Verlag Frankfurt am Main und Leipzig 1995

Fontane, Theodor: Wanderungen durch die Mark Brandenburg I bis V. Erler, Gotthard/Mingau, Rudolf (Hg.), Aufbau Verlag & Co. KG Berlin 2012

Friedrich, Bernd-Ingo: Tafeln wie Fürst Pückler. Ein unterhaltsames Kochbuch. Verlag Gunter Oettel Görlitz – Zittau 2010

Friedrich, Christian/Jacob, Ulf Hg.): … ein Kind meiner Zeit, ein ächtes bin ich. Stand und Perspektiven der Forschung zu Fürst Pückler. Edition Branitz 6 © Stiftung Fürst-Pückler-Museum Park und Schloss Branitz. be.bra wissenschaft verlag GmbH Berlin 2010

Göske, Daniel: Fontane und der englische Parlamentarimus. Vortragsabend der Akademie der Wissenschaften zu Göttingen im Niedersächsischen Landtag am 25. November 2014. In: Jahrbuch der Akademie der Wissenschaften zu Göttingen 2014. Walter de Gruyter GmbH & Co. Berlin New York

Göske, Daniel (Hg.): Theodor Fontane: Ein Sommer in London. Große Brandenburger Ausgabe, Das reiseliterarische Werk, Band 1. Theodor Fontane-Arbeitsstelle der Universität Göttingen. Auszug in: https://www.uni-goettingen.de/de/502574.html vom 30.08.2018

Grawe, Christian/Nürnberger, Helmuth (Hg.) in Zusammenarbeit mit der Fontane Gesellschaft: Fontane-Handbuch. Alfred Kröner Verlag Stuttgart 2000

Heller, Gisela: Geliebter Herzensmann … Emilie und Theodor Fontane © Nicolaische Verlagsbuchhandlung Beuermann GmbH Berlin 1998

Heyse, Paul: Gesammelte Werke, 3 Reihen in 15 Bänden. Reihe 1, Band 5, S. 506–511. Stuttgart 1924

Jäger, August: Das Leben des Fürsten von Pückler-Muskau. Verlag der J. B. Metzler´schen Buchhandlung, Stuttgart 1843

Jolles, Charlotte unter Mitarbeit von Muhs, Rudolf: Tagebücher 1852 1855 - 1858. Herausgegeben von Gotthard Erler unter Mitarbeit von Therese Erler. Aufbau Verlag Berlin 1994

Kittelmann, Jana: „.... die ganze Welt ein Idyll"? Gartenbeschreibungen bei Theodor Fontane und Hermann von Pückler-Muskau. In: Fontane Blätter 85/2008. Wolzogen, Hanna Delf von/Fischer, Hubertus (Hg.), Fontane-Archiv Potsdam und Fontane Gesellschaft Neuruppin 2008

Kittelmann, Jana: Herrinnen des Terrains. Der Briefwechsel zwischen Lucie von Pückler-Muskau und Adelheid von Carolath-Beuthen. Edition Branitz 9 © Stiftung Fürst Pückler Museum Park und Schloss Branitz. Druckzone GmbH & Co. KG Cottbus 2013

Kittelmann, Jana (hg.): Briefnetzwerke um Hermann von Pückler-Muskau. Edition Branitz 11 © Stiftung Fürst Pückler Museum Park und Schloss Branitz. Thelem – ein Imprint von w.e.b. Universitätsverlag & Buchhandel Dresden 2015

Krönert, Hans-Hermann: Fürst Pückler. Episoden & Facetten. REGIA Verlag Cottbus 2010

Mittelstädt, Ina: Wörlitz – Weimar – Muskau. Der Landschaftsgarten als Medium des Hochadels (1760–1840). Böhlau Verlag GmbH & Cie, Köln Weimar Wien 2015

Neuhäuser, Simone (Hg.): Herrschaftszeiten. Adel in der Niederlausitz © Stiftung Fürst Pückler Museum Park und Schloss Branitz. Druckzone GmbH & Co. KG Cottbus 2014

Nürnberger, Helmuth: Der frühe Fontane. Politik – Poesie – Geschichte 1840 bis 1860. Christian Wegner Verlag Hamburg 1967

Nürnberger, Helmuth: Theodor Fontane. Rowohlt Taschenbuch Verlag Reinbek 1968

Ohff, Heinz: Der grüne Fürst. Das abenteuerliche Leben des Hermann von Pückler-Muskau © Piper Verlag GmbH München 1993

Ohff, Heinz: Theodor Fontane. Leben und Werk © Piper Verlag GmbH München 2002

Radecke, Gabriele (Ed.): Theodor Fontane, Bernhard von Lepel. Der Briefwechsel Bd 1. Schriften der Theodor Fontane Gesellschaft. Walter de Gruyter GmbH & Co. Berlin New York 2012

Seiler, Bernd W.: Aber die Witwe Pittelkow! Neues über Fontanes uneheliche Kinder. In: DIE ZEIT 46/1998

Seiler, Bernd W.: Fontanes Berlin. Verlag für Berlin-Brandenburg Berlin 2006

Sintenis, Friedrich: Ueber Immermann´s Münchhausen (ein Vortrag) und Goethe und Fürst Pückler-Muskau (eine Studie). Verlag von Schnakenburg´s litho- und typographischer Anstalt Dorpat 1875

Stobbe, Urte: Fürst Pückler als Schriftsteller. Mediale Inszenierungspraktiken eines schreibenden Adligen. Wehrhahn Verlag 2015

Streiter-Buscher, Heide (Hg.): Theodor Fontane. Eine Zeitungsnummer lebt nur 12 Stunden: Londoner Korrespondenzen aus Berlin. Walter de Gruyter GmbH & Co. Berlin New York 1998

Wende, Peter: Das britische Empire. Geschichte eines Weltreichs. C. H. Beck Verlag München 2008

5. Abbildungsverzeichnis:

Abb. 19 Theodor Fontane. Bleistiftzeichnung von Luise Kugler (1853); Deutsches Literaturarchiv Marbach

Abb. 20 Adolph von Menzel: Ein Mann, den rechten Arm aufgestützt, Zeitung lesend; Stiftung Stadtmuseum Berlin, Reproduktion durch Oliver Ziebe, Berlin

Abb. 21 Logo *Neue Preußische (Kreuz-) Zeitung*

Abb. 22 Theodor Fontane, Urheber Unbekannt

Abb. 23 Fürst Hermann von Pückler-Muskau (Holzstich 1863). In: Die Gartenlaube, Jg. 1863, S. 426 (richtig: 429)

Abb. 24 Fontane im Spreewald; Karikatur von Reiner Schwalme, 2018

6. Personenregister:

Albert (1819–1861), Prinz von Sachsen-Coburg und Gotha, Prinzgemahl Königin Victorias

Alexander I. (1777–1825), Kaiser von Russland

Arthur Wellesley (1769–1852), 1. Herzog von Wellington, britischer Feldmarschall und Staatsmann

Assing, Ludmilla (1821–1880), deutsche Schriftstellerin und Biografin des Fürsten Pückler-Muskau

Augusta (1811–1890), geborene Prinzessin von Sachsen-Weimar-Eisenach, Ehefrau des nachmaligen Kaisers Wilhelm I.

Austin, Sarah (1793–1867), britische Schriftstellerin und Übersetzerin

Bernstorff, Albrecht Graf von (1809–1873), preußischer Gesandter in London

Blücher, Carl Leberecht von (1742–1819), preußischer Generalfeldmarschall

Bormann, Karl (1802–1882), Theologe, Schriftsteller und Provinzialschulrat

Brown, Lancelot Capability (1716–1783), englischer Landschaftsarchitekt

Bülow, Heinrich Freiherr von (1792–1846), preußischer Gesandter in London

Bunsen, Christian Karl Josias Freiherr von (1791–1860), preußischer Gesandter in London

Byron, Lord George (1788–1824), britischer Dichter und Kämpfer für die Unabhängigkeit Griechenlands

Carl August (1757–1828), Großherzog von Sachsen-Weimar-Eisenach

Dickens, Charles (1812–1870), englischer Dichter und Schriftsteller

Devrient, Emil (1803–1872), Schauspieler an der Dresdner Hofbühne

Engels, Friedrich (1820–1895), Unternehmer und Philosoph

Eggers, Friedrich (1819–1872), Kunsthistoriker

Fontane, Pierre Barthélemy (1757–1826), Zeichenlehrer der preußischen Prinzen, Großvater Theodor Fontanes

Fontane, Louis Henri (1796–1867), Apotheker

Fontane, Emilie Louise (1797–1869), Ehefrau Louis Henri Fontanes und die gemeinsamen Kinder
  Fontane, Rudolph (1821–1845)
  Fontane, Jenny (1823–1904)
  Fontane, Max (1826–1860)
  Fontane, Elise (1838–1923)
  Fontane, Theodor (1819–1898), Schriftsteller und Chronist Preußens

Fontane, Emilie (1824–1902), Ehefrau Theodor Fontanes und die gemeinsamen Kinder
  Fontane, George Emile (1851–1887)
  Fontane, Rudolf (1852)
  Fontane, Peter Paul (1853–1854)
  Fontane, Ulrich (1855)
  Fontane, Theodor junior (1856–1933)
  Fontane, Martha, genannt Mete (1860–1917)

Fontane, Friedrich (1864–1941)

Friedrich Wilhelm III. (1770–1840), König von Preußen und dessen Söhne Friedrich Wilhelm (1795–1861), ab 1840 Friedrich Wilhelm IV. König von Preußen Wilhelm Friedrich Ludwig (1797–1888), Prinz von Preußen, ab 1861 als Wilhelm I. König von Preußen, ab 1871 Deutscher Kaiser Carl (1801–1883), Prinz von Preußen

Georg (1762–1830), von 1820 bis 1830 König Georg IV. des Vereinigten Königreiches von GB und Irland sowie König von Hannover

Goethe, Johann Wolfgang von (1749–1832), Staatsmann, Dichter und Universalgenie

Hardenberg, Karl August Fürst von (1750–1822), preußischer Reformer und Staatskanzler

Hegel, Immanuel (1814–1891), ab 1853 Leiter der Centralstelle für Preßangelegenheiten

Heine, Heinrich (1797–1856), Lyriker, Schriftsteller und Journalist

Herwegh, Georg Herwegh (1817–1875), Lyriker und Dichter des Vormärz

Heyse, Paul (1830–1914), Schriftsteller und Nobelpreisträger

Humboldt, Alexander von (1769–1859), Naturforscher und Förderer der Wissenschaften

Humboldt, Wilhelm (1767–1835), preußischer Staatsmann und Wissenschaftler

Immermann, Karl Leberecht (1796–1840), Schriftsteller, Lyriker und Dramatiker

Kauffmann, Jakob (1814–1874), Mitherausgeber der Schlesingerschen Korrespondenzen

Kugler, Franz (1808–1858), Kunsthistoriker und Kunstreferent im preußischen Kultusministerium

Lenné, Joseph Peter (1789–1866), ab 1818 Mitglied der Königlichen Gartenintendantur, ab 1854 General-Gartendirektor der königlich-preußischen Gärten

Lepel, Bernhard von (1818–1885), preußischer Offizier und Schriftsteller

Linné, Carl von (1701–1778), schwedischer Naturforscher

Lynar, Hermann Rochus Graf zu (1797–1878), Freier Standesherr auf Lübbenau und erbliches Mitglieds des Preußischen Herrenhauses

Maltzahn, Helmuth Bogislaw Freiherr von (1793–1833), preußischer Gesandter in London

Manteuffel, Otto Theodor Freiherr von (1805–1882), preußischer Ministerpräsident

Mehmed Ali Pascha (um 1770–1849), Gouverneur der osmanischen Provinz Ägypten

Menzel, Adolph (1815–1905), Maler, Zeichner und Illustrator

Merckel, Wilhelm von (1803–1861), Kammergerichtsrat und Schriftsteller

Merckel, Henriette von († 1889), Ehefrau Wilhelm von Merckels und Vertraute der Familie Fontane

Metternich, Klemens Wenzel Lothar von (1773–1859), österreichischer Außenminister

Metzler, Ludwig (1815–1895), technischer Leiter der Centralstelle für Preßangelegenheiten

Müller, Friedrich Max (1823–1900), Sprach- und Religionswissenschaftler

Pückler-Muskau, Hermann Ludwig Heinrich Fürst von (1785–1871), Landschaftsarchitekt, Weltreisender und Schriftsteller

Pückler-Muskau, Anna Lucie Christine Wilhelmine (1776–1854), geborene von Hardenberg-Reventlow, ab 1817 Ehefrau des Fürsten von Pückler-Muskau

Quehl, Dr. Ryno (1821–1864), Journalist, bis 1853 Leiter der Centralstelle für Preßangelegenheiten

Rehder, Jakob Heinrich (1790–1852), Parkinspektor des Fürsten von Pückler-Muskau

Repton, Humphry (1752–1818), englischer Landschaftsarchitekt

Repton, John Adey Repton (1755–1860), englischer Landschaftsarchitekt, Sohn Humphry Reptons

Rothschild, Nathan Mayer Freiherr von (1777–1836), deutsch-britischer Bankier

Schefer, Leopold (1784–1862), Generalinspektor im Dienste des Fürsten Pückler und Schriftsteller

Scherz, Hermann (1818–1888), Ökonomierat und Rittergutsbesitzer in Kränzlin

Schinkel, Karl Friedrich (1781–1841), preußischer Baumeister und Maler

Schlesinger, Maximilian (1822–1881), Publizist und Londoner Korrespondent für die Kölnische Zeitung

Scott, Sir Walter (1771–1832), schottischer Dichter und Schriftsteller

Schweitzer, Hermann (Daten unbekannt), deutscher Apotheker in Brighton

Schweitzer, Julius (eigentlich Tieftrunk), Apotheker in London, Neffe Hermann Schweitzers

Semper, Gottfried (1803–1879), Architekt und Kunsttheoretiker

Seneca, Lucius Annaeus (der Jüngere, 1–65 n. Chr.), römischer Naturforscher, Dramatiker und Politiker

Shakespeare, William (1564–1616), englischer Dramatiker, Lyriker und Schauspieler

Sontag, Henriette (1806–1854), deutsche Opernsängerin

Storm, Theodor (1817–1888), Lyriker und Schriftsteller

Thackeray, William Makepeace (1811–1863), britischer Schriftsteller

Varnhagen von Ense, Karl August (1785–1858), Diplomat, Publizist und Schriftsteller

Varnhagen von Ense, Rahel (1771–1833), Schriftstellerin und Salonnière, Ehefrau Karl Augusts von Ense

Victoria (1819–1901), ab 1837 Königin des Vereinigten Königreiches von Großbritannien und Irland, ab 1876 auch Kaiserin von Indien

Victoria (Vicky) (1840–1901), englische Prinzessin, 1888 Königin von Preußen und Deutsche Kaiserin

Wilhelm IV. (1765–1837), ab 1830 König des Vereinigten Königreiches von GB und Irland sowie König von Hannover

Wilhelm der Eroberer (um 1027–1087), Herzog der Normandie, ab 1066 König der Engländer

Wilhelm Malte I. (1783–1854), Fürst zu Putbus

Wentzel, Rudolph, Theodor Fontanes Mitarbeiter in London

Dank

Für zahlreiche Anregungen und Ratschläge danke ich

Herrn Diplom-Historiker Christian Friedrich, Archiv und Bibliothek der Stiftung Fürst-Pückler-Museum Park und Schloss Branitz –

Herrn Prof. Dr. Daniel Göske, Dozent am Institut für Anglistik/ Amerikanistik der Universität Kassel –

Herrn Dr. Rudolf Muhs, Dozent für deutsche Geschichte am Royal Holloway College/University of London –

Herrn Prof. Dr. Peer Trilcke, Leiter des Fontane-Archivs Potsdam/Institut für Germanistik der Universität Potsdam –

Herrn Michael Dewey, FHXB Friedrichshain-Kreuzberg Museum/ Fontane-Apotheke im ehemaligen Diakonissenhaus Bethanien –

Herrn Sven Kielgas, High-Tech-Marketier und Klassizismus-Sammler, Fürstliche Domäne zu Wörlitz/„Preußische Gesandtschaft" München –

Herrn Dr. Klaus Lohse, Berlin Steglitz-Zehlendorf –

meiner Frau Hanne

sowie Herrn Andreas Michael Werner und dem Bertuch Verlag Weimar.

Wir danken für Ihr Interesse
Weiter empfehlen wir Ihnen

Ein Preuße französischer Abstammung, ein detailgenauer Beobachter, ein zurückhaltender Chronist seiner Zeit. Theodor Fontane gibt es für junge Leser ab 15 zum Kennenlernen. Dargestellt wird sein Lebensweg und -werk. In die Biographie eingewoben sind einige Gedichte, Briefe sowie Auszüge aus seinen Reisebeschreibungen und Romanen.

Kennst du Theodor Fontane?
Sebastian Hennig
ISBN: 978-3-86397-055-0
Preis: 14,80 €

Schinkel kämpft in seinen Fieberträumen um die Vollendung seines Bildes. Er durchlebt auf seinem Krankenbett noch einmal sein erfülltes und von krankmachendem Pflichtgefühl gezeichnetes Leben und die Tragik des Architekten und Künstlers, der sich zum Diener des Königs machen ließ.

Schloss am Strom.
Vom Leben und Sterben des Baumeisters Karl Friedrich Schinkel
Christoph Werner
ISBN: 978-3-937601-11-3
Preis: 8,00 €